CB079878

TODA DOR TEM NOME

Monica DiCristina

toda *dor* tem *nome*

ENTENDA COMO AS RANHURAS EMOCIONAIS SE MANIFESTAM NO SEU CORPO

TRADUÇÃO
Kícila Ferreguetti

LATITUDE°

Título original: *Your Pain Has a Name: A Therapist's Invitation to Understanding Your Story and Sorting Out Who You Are from What Hurts*

Latitude é o selo de aperfeiçoamento pessoal da VR Editora

GERENTE EDITORIAL Tamires von Atzingen
EDITORA Silvia Tocci Masini
EDITORA-ASSISTENTE Michelle Oshiro
PREPARAÇÃO Lígia Alves
REVISÃO Érika Tamashiro e Paula Queiroz
DESIGN DE CAPA Rafael Brum
PROJETO GRÁFICO DE MIOLO E DIAGRAMAÇÃO Malu Francini
PRODUÇÃO GRÁFICA Alexandre Magno

Dados Internacionais de Catalogação na Publicação (CIP)
(Câmara Brasileira do Livro, SP, Brasil)

DiCristina, Monica
Toda dor tem nome : entenda como as ranhuras emocionais se manifestam no seu corpo / Monica DiCristina; tradução Kícila Ferreguetti. — São Paulo: Latitude, 2025.

Título original: Your pain has a name : a therapist's invitation to understanding your story and sorting out who you are from what hurts
ISBN 978-65-89275-76-3
1. Autoaceitação 2. Autorrealização (Psicologia) 3. Trauma psíquico I. Título.

25-274985 CDD-158.1

Índices para catálogo sistemático:
1. Autoaceitação: Psicologia aplicada 158.1
Cibele Maria Dias - Bibliotecária - CRB-8/9427

VR Editora S.A.
Av. Paulista, 1337 – Conj. 11 | Bela Vista
CEP 01311-200 | São Paulo | SP
vreditoras.com.br | editoras@vreditoras.com.br

Para todos os que já se sentiram sozinhos
em suas dores não nomeadas.

SUMÁRIO

Querido leitor,

Quando comecei a atuar como terapeuta, tive uma cliente sob meus cuidados que havia sofrido uma perda terrível. Sentindo que não estava preparada para ajudá-la, liguei para um colega mais experiente, na esperança de descobrir o segredo para acabar com a dor dela. O terapeuta mais velho me garantiu que não havia segredo, atalho ou solução simples para a dor daquela mulher. Para a dor de ninguém, na verdade. "Você já tem o que precisa dar a ela", ele disse. "O que ela precisa agora é da sua presença."

O que aprendi foi que, na falta de soluções rápidas, existe o companheirismo fundamental de estar *com* alguém em sua dor.

Espero estar com você neste livro.

A sua dor pode ser arrebatadora como a da minha cliente, ou pode ser a irritação diária com uma vida na qual você não se encaixa, ou algo no meio disso. A dor não discrimina nem segue as regras que tentamos estabelecer para ela.

A dor exige nossa atenção para ser sanada, acalmada e compreendida.

Como não sou capaz de eliminar a dor das pessoas sendo terapeuta, descobri que posso, em vez disso, oferecer minha presença, ajudando-as a encontrar compreensão e, a partir dela, o alívio.

Eu me tornei terapeuta na esperança de poder ajudar pessoas a se libertarem e a serem quem foram criadas para ser. Nesse caminho, porém, encontrei uma adversária desafiadora, que conheço pessoalmente: a dor não nomeada. Um tipo de dor que se move dentro de nós sem ser compreendida, definida ou delimitada, contando histórias sobre quem somos. Histórias que costumam ser cruéis e mentirosas.

Para ajudar as pessoas a terem compaixão, a conhecerem e a amarem a si mesmas, preciso ajudá-las a compreender suas dores e a nomeá-las.

Porque, se você não nomeia a sua dor, ela vai se apoderar de você.

O primeiro passo para conhecer e amar a si mesmo é compreender o que o impede de alcançar essa compreensão.

Esse processo pode ser reconfortante como se enrolar em um cobertor macio. Pode ser tranquilizante como um xícara de chá quente entre seus dedos cansados. Também pode ser poderoso como entrar em uma batalha para impor sua existência. Pode ser contínuo como segurar na mão da criança que você foi um dia. E pode ser doloroso como cair no choro de repente, depois de segurá-lo da mesma forma que você se sentiu sufocado ao longo de todos esses anos.

O que descobri em cada uma dessas experiências foi o alívio; alívio gerado pela compreensão.

Seja o que for que o processo reserva para *você*, espero que não se sinta sozinho e que, ao dar nomes à sua dor, você encontre um meio de voltar para casa; para si mesmo.

Este livro sou eu pegando na sua mão e dizendo: “Vamos olhar para isso juntos”. Estou torcendo por você. Eu me importo com você, mesmo que não o conheça. Estou pensando em você enquanto escrevo e espero que sinta o amor e o cuidado nestas minhas palavras para você.

Com você,
Monica

INTRODUÇÃO

Quando os clientes chegam ao meu consultório pela primeira vez, normalmente não estão bem, mas em geral não sabem o motivo.

Isso parece familiar para você?

Às vezes eles chegam querendo se conhecer melhor, talvez desejando que um novo relacionamento dê certo ou tentando salvar o atual. Tem alguma coisa estranha no ar, quem sabe, ou então aconteceu algo, ou uma dor está incomodando a ponto de chamar a atenção.

Não importa o motivo, começamos por onde dói, que costuma ser o melhor lugar para começar.

A iluminação no meu consultório é intencionalmente suave, as cores são discretas e harmoniosas. Raios de sol entram pelas enormes janelas. A arte nas paredes é simples e as prateleiras não têm muitos objetos. Há música no corredor, nos envolvendo e bloqueando o barulho do mundo do lado de fora. Eu fecho a porta com cuidado.

O objetivo não é conseguir um efeito estético, mas diminuir o desconforto da primeira visita de um cliente; criar um ambiente acolhedor e um lugar ao qual ele se sinta confortável para retornar.

É difícil entrar no consultório de um terapeuta pela primeira vez. Eu sei porque já aconteceu comigo. Você observa as paredes, o terapeuta. Você se pergunta se isso vai ajudar ou se será perda de tempo; se existe qualquer possibilidade de compreender aquilo com que você está lidando; se o terapeuta vai compreender; se ele será esquisito. Ou pior, você se pergunta se o terapeuta vai achar que *você* é esquisito.

Poucas coisas nos deixam mais vulneráveis do que contar a alguém que acabamos de conhecer o que dói, tentando explicar o que está errado, o que não funciona, bem como lidar com a ansiedade causada pela antecipação de perguntas sobre o seu passado. Esperar esse tipo de exposição de alma de outro ser humano é pedir demais. Por isso, digo aos meus clientes que este é um espaço seguro e sagrado; que o que eles dizem aqui é confidencial. Depois, digo a eles para começarem por onde quiserem. Nós nos atrapalhamos no início até superarmos o desconforto das primeiras conversas, mas logo começamos a explorar o que realmente está acontecendo.

Para mim, esse processo lembra aquele de pousar um avião. Estamos nos aproximando da pista de pouso. É normal ir devagar. À medida que a segurança emocional na conversa aumenta, o avião começa sua descida.

Sendo bem honesta, mesmo depois de todos esses anos, existem momentos nos quais me pergunto se o avião vai pousar. Será que essa pessoa vai se sentir segura o bastante para se abrir? No entanto, assim que o avião começa a se aproximar do solo, nós nos aproximamos da dor.

Às vezes o pouso é tranquilo; outras vezes é complicado, quando os clientes se surpreendem com a intensidade do que estão sentindo. Aqui, o avião pousa, voando na baixa altitude na qual a pessoa precisará voar pelo resto da vida. Aqui, pousamos no lugar onde dói; naquilo que não está funcionando; naquilo que não está no cartão alegre de boas festas.

Aqui, encontramos a dor. Pelo caminho, encontramos um convite para compreender essa dor, ou pelo menos conseguir algum conforto.

A dor é um convite para descobrir nomes para a sua dor, o que por sua vez é o primeiro passo para voltar para casa, para quem você é.

No entanto, ninguém quer falar sobre a dor. Parece contraintuitivo começar por ela, não parece? Mas todos que entram no meu consultório carregam uma dor que não compreendem. Todos chegam não se sentindo bem de algum jeito e querendo que algo seja diferente.

Nós partimos desse ponto.

Começamos com essa dor que confunde você. Se não fizermos isso, você nunca encontrará o caminho para a verdade sobre quem é.

O processo pode parecer desafiador, mas não deve ser temido, e sim abraçado.

Imagine, por exemplo, uma criança machucada correndo até você com o joelho ralado e o cotovelo sangrando, chorando. Você não mandaria essa criança embora, mandaria? Ou lhe daria um sermão dizendo que o choro dela está exagerado e alto demais. Você não argumentaria que ela não aprendeu a amarrar os sapatos (como os amiguinhos), e que provavelmente vai tropeçar neles de novo. Você não a faria sentir vergonha por ter se machucado nem a mandaria crescer.

Você se inclinaria e diria algo como: “Onde está doendo?”.

Você merece essa mesma ternura.

Não podemos evitar a dor, mas podemos aprender a encará-la em vez de fugir dela. Além disso, podemos nos tornar extremamente precisos quando aprendemos a identificar corretamente e a validar aquilo que sentimos. A linguagem é essencial para esse processo. E muito deste livro gira em torno disso.

Estamos aqui para encontrar a linguagem da sua dor, para que você possa compreendê-la melhor. Isso inclui permitir que a sua linguagem seja tão complexa quanto for necessário para que seja verdadeira. Com essa compreensão, você terá mais liberdade, que resulta de saber se distanciar das narrativas de suas dores.

Nomear a sua dor é como se inclinar para ouvir a si mesmo e à sua história. Por isso, dê a ela espaço para falar. Se você não fizer isso, sua história vai se minimizar até o ponto de ser facilmente ignorada, não só no passado distante mais no dia a dia presente.

Reconheça que o nome não é necessariamente um diagnóstico. Este não é um livro de diagnósticos. Eles podem ser bastante úteis, até mesmo necessários, para conseguir alívio. Mas não acredito que autodiagnosticar uma condição clínica em um livro é uma prática terapêutica válida. Se você está buscando um diagnóstico, sugiro que procure a presença atenciosa de um profissional capacitado. Não desista. Este livro pode ser um passo na direção desse importante caminho.

Até mesmo em mãos capacitadas, não é toda dor que pode ser curada. No entanto, toda dor pode ser honrada. Nós a honramos quando a enxergamos e a nomeamos. Quando fazemos isso, descobrimos quem somos sob os escombros daquilo que dói. E podemos enxergar, talvez pela primeira vez, um lampejo do nosso eu intocado que estava ali o tempo todo.

É se entregando à dor que você poderá levar o seu eu verdadeiro em direção à luz.

Ao longo deste livro, vou guiar você pelas ruínas daquilo que vivi, juntamente com as histórias de outras pessoas. Cada um de nós aprendeu a nomear nossa própria dor. E todos encontramos nosso caminho de volta para casa. Pegamos estradas diferentes para chegar lá, mas chegamos.

O meu trabalho se baseia na ciência. Porém, na minha experiência, descobri que a prática da terapia é mais uma arte do que uma ciência. O fato de ela ser menos clínica e mais criativa explica por que as histórias são tão essenciais. É por isso que eu uso tantas delas. Também é por isso que *você* é tão essencial. Você é a melhor testemunha da história que viveu.

Uma observação sobre as histórias neste livro: a única história que não sofreu nenhuma alteração foi a minha. As outras estão mais para alegorias dos quinze anos de trabalho com meus clientes. Os detalhes foram ocultados para torná-los anônimos. As histórias não são relatos factuais. Ainda que eu me refira a uma pessoa por vez, estou na verdade me referindo a muitas. Existem temas comuns que acompanho no meu trabalho, e as histórias contadas aqui representam uma combinação deles e não de vidas individuais.

Este livro é dividido em três partes, representando a jornada que faremos juntos.

Parte 1: O problema — Vivendo com uma dor não nomeada

Esta seção destaca alguns dos motivos pelos quais acabamos vivendo com uma dor não nomeada. Compartilho a minha história e a de outras pessoas, com o objetivo de encontrar compreensão, embora geralmente sem muito sucesso. Essas histórias podem ser grandes experiências, como um diagnóstico errado, ou experiências diárias, como ser invalidado. Aprender a ouvir a si mesmo é o caminho para cruzar a ponte e iniciar a jornada para compreender a sua dor e, então, a sua própria história.

Parte 2: A jornada — Encontrando nomes para sua dor

Nesta seção, conto como foi que, ao descobrir nomes para a minha dor, me apaixonei por ajudar os outros a fazerem o mesmo. Vamos explorar tipos específicos de dor e equipar você com as ferramentas necessárias para escavar a sua própria história. Nesta parte você vai aprender a procurar pistas, a lidar com os sentimentos por vezes avassaladores que resultam do ato de nomear sua dor, vai entender como as dores do passado invadem o presente e verá como dimensionar o impacto das dores do dia a dia. A segunda parte se encerra com um entendimento novo e sensível sobre a maneira como aprendemos a lidar com tudo isso.

Parte 3: O retorno — Você não é a sua dor

Nesta parte, nós voltamos para casa. Ter uma compreensão mais ampla vai abrir caminho em meio a tantos escombros, a fim de reunir você com a pessoa que sempre esteve embaixo daquela pilha de dor. Queremos explorar o fato de que você na verdade *não* é a sua dor. Esta parte mostra que é possível separar quem você é das suas narrativas e das conclusões erradas que pode ter tirado a partir delas, libertando-o para que possa voltar para casa, para o seu eu verdadeiro.

Você encontrará, assim, uma compreensão mais precisa de quem é. Vamos explorar como podemos partir da ideia de começar por onde dói para entender a sua história, o seu dia a dia e do que você vai precisar depois.

Há recursos extras listados no meu site (monicadicristina.com, conteúdo em inglês), e eles permitirão que você explore os tópicos abordados neste livro em maior profundidade. Cada capítulo tem a sua própria lista. Haverá mais informações (livros e links) sobre dores específicas, diagnósticos, traumas e luto para ajudar você na sua jornada de nomeação. Além disso, considerando que este livro trata a dor emocional em vez da física, você vai encontrar publicações sobre dor física no site também. Lá você encontrará trabalhos de pesquisadores que consulto, bem como vozes diversas para que, com sorte, você consiga encontrar uma que esteja mais relacionada com a sua experiência individual.

Este livro é uma espécie de regresso; uma reunião cheia de afeto com quem você é. Você está convidado. A sua dor, raiva, frustração, vergonha, qualquer parte sua que esteja sofrendo, é bem-vinda aqui. Todos esses sentimentos são ótimos lugares para começar a sua jornada.

Você não precisa ter tudo mapeado ou esclarecido. Você não é um projeto a ser corrigido ou um problema a ser administrado; você é uma linda criação.

Neste livro, vamos fazer diferente do que talvez você tenha feito em outros livros. Vamos interagir com ele sob menos pressão. Por isso, relaxe os ombros e solte o ar. Deixe a caneta marca-texto de lado (a menos que você não resista) e abandone todas as suas crenças sobre o que "deveria" fazer.

Simplesmente esteja presente, só isso. Esse é o convite. Existe esperança aqui, mas sem pressão nenhuma. Não há prazo para essa jornada, por isso não precisa ter pressa. Temos a tendência natural de querer que as coisas andem rápido, principalmente quando estamos sofrendo. Mas rápido nem sempre é melhor.

Comece de onde está, descobrindo onde dói, que é o lugar mais sensível para começar. Juntos vamos chegar lá, não importa o quanto demore.

Então, vamos começar com: *Onde dói?*

PARTE 1

O PROBLEMA – VIVENDO COM UMA DOR NÃO NOMEADA

CAPÍTULO 1

PRESO NA HISTÓRIA ERRADA

"Estou do lado de fora com lanternas, procurando por mim mesma."

EMILY DICKINSON

REESCREVI ESTE CAPÍTULO SEIS VEZES. Ele continha muitas histórias minhas. Não havia histórias minhas o suficiente. Ou eram muitas histórias minhas logo no início. Foi bem cansativo.

A ironia de ter que recontar a minha história não me passou despercebida. Além disso, como terapeuta, eu não costumo compartilhar esse tipo de informação; nunca quis contar essa história, para começo de conversa. Nunca quis que *você*, leitor, conhecesse o meu passado. Nunca quis que ninguém soubesse, para dizer a verdade. Por quê? Porque parecia um segredo que eu precisava esconder. Eu sentia calafrios quando era mais nova e contemplava a possibilidade de alguém descobrir, temendo o que poderia acontecer. Achava que isso me desqualificaria para fazer parte da sociedade, para estar perto das pessoas, para ser realmente conhecida.

Eu me esforcei muito para *não* contar a minha história, e para não compartilhar meus medos e os pensamentos que me assustavam. Com ninguém. Passei anos fazendo isso, na verdade.

Quer dizer, até o momento em que não consegui mais contê-los e eles vieram à tona, para todos que pareciam ser capazes de me ajudar. Será que ajudou, todo esse processo de contar os meus segredos? Sinceramente? Não muito. Porque ninguém sabia o que fazer com o que eu revelei, ou comigo.

Mas antes de prosseguirmos permita que eu conte a você o que hoje eu sei por ser uma terapeuta. Vou compartilhar essa história vulnerável aqui para ajudar naquilo que acredito ser verdade: não compreender a nossa dor vai aumentar e prolongar nosso sofrimento, nos isolando nele. E, consequentemente, vamos confundir quem somos com nossas dores. Você verá isso na minha história e nas histórias únicas que compartilho.

Assim, do mesmo modo que podemos começar lendo o final de um livro, vou apresentar os nomes para a minha dor. Em seguida, vou explicar como foi viver durante anos sem ter esse alívio e compreensão. A minha história não é de dificuldades. É um legado do eco de silêncio de uma dor não nomeada e das narrativas que construímos para preencher as lacunas desse silêncio.

Fui vítima de abuso sexual na infância, experiências precoces que desencadearam uma profunda falta de confiança em mim mesma e uma vergonha ainda mais profunda. Isso aconteceu em um estágio de desenvolvimento no qual as crianças acreditam que são onipotentes. Eu acreditava que a culpa era minha e tinha certeza de que era uma pessoa ruim. Sem entender que se tratava de uma resposta comum a traumas de infância, continuei alimentando a história sobre *por que* eu me sentia tão mal.

Carreguei essa vergonha e esse trauma não processado durante a adolescência, e, nessa época, soube de alguns históricos de traumas em minha família e descobri que alguém que eu conhecia tinha sido abusivo. Foi nesse momento que eu implodi. Comecei a temer que, se aquela pessoa que conhecíamos era capaz de fazer algo tão ruim, então eu poderia ser pior do que temia. Essa nova informação se somou à dor dos meus traumas de infância, e minha vergonha produziu novas narrativas aterrorizantes.

Antes dessa descoberta, eu tinha medo de coisas infantis, por exemplo, eu temia ser uma vampira e não saber. No entanto, agora meus medos tinham ficado enormes e eu sentia que não podia falar sobre nenhum deles. A mistura de trauma não resolvido, vergonha paralisante, um legado de dor silenciosa e a falta de autoconfiança desencadearam um transtorno de ansiedade que começou a tomar conta do meu mundo interior.

Também foi o início de um intenso transtorno obsessivo-compulsivo não diagnosticado (o início do TOC geralmente se dá no fim da infância e no início da fase adulta; estima-se que uma em cada cem pessoas tem TOC, e a maioria demora entre catorze a dezessete anos para ser diagnosticada).[1] Mais tarde, descobri que o nome para o sintoma do tipo de TOC que tive na adolescência é "pensamentos intrusivos egodistônicos". São pensamentos indesejados, assustadores, que podem ser violentos, sexuais, aterrorizantes e muito perturbadores. É como viver em um filme de terror quando esses pensamentos começam a passar pela sua mente. Imagine o pior pensamento que já passou pela sua cabeça, o mais aterrorizante e perturbador. Em seguida, imagine que ele nunca vai embora e, em vez disso, fica se repetindo sem parar, se reproduzindo e criando novas variações sem final. Isso pode ser parte de outro diagnóstico de saúde mental, como o transtorno obsessivo-compulsivo perinatal, quando mulheres que acabaram de se tornar mães têm pensamentos assustadores e indesejados sobre machucar seus bebês ou sentem que algo ruim vai acontecer com eles. Tive pensamentos tão perturbadores quanto esses na adolescência e quando estava na faculdade. As pessoas não falam sobre isso com frequência porque têm vergonha, e o simples ato de revelar esses pensamentos já causa um grande constrangimento. As pessoas que sofrem com esses pensamentos não querem tê-los, pois eles contradizem o seu caráter. Porém, até descobrirem que esses pensamentos são sintomas do TOC, elas acreditam que *são* aquilo que pensam. Eu com certeza acreditava. Além disso, depois de ser constantemente inundado por esses pensamentos, você começa a duvidar de quem é. A minha autoconfiança, já fragilizada em função dos traumas da infância, foi aniquilada.

Mas eu não sabia *nada* disso na época.

O que eu sabia é que a dor que estava sentindo era insuportável e que eu não conseguiria continuar vivendo com ela. Sem compreender exatamente o meu sofrimento, concluí que era mesmo tão ruim quanto temia. Cheguei a cogitar o suicídio porque só queria que aquilo acabasse; só queria não me sentir tão mal. Eu procurava em todos os lugares por algo ou alguém que pudesse me ajudar.

No auge dos meus problemas de saúde mental, no fim dos anos 1990, também me tornei cristã. Entrava e saía de várias igrejas na época; igrejas que se apoiavam demais no poder da oração como solução para os sofrimentos humanos. Isso envolvia muito estudo da bíblia e quase nada além disso. Então, ali estava eu, um turbilhão de pensamentos assustadores e às vezes violentos girando na mente, com medo de mim mesma, mas desesperada por ajuda. Contudo, quando eu finalmente compartilhava o que sentia, algumas pessoas me olhavam chocadas, confusas ou até mesmo com medo. Para ser justa, muitas dessas pessoas eram gentis e chegavam a demonstrar compaixão, mas estavam completamente desinformadas, talvez até assustadas.

A primeira grande revelação que fiz foi aos dezesseis anos para o pobre pastor de uma igreja de subúrbio na Geórgia que foi pego desprevenido. Não costumávamos frequentar a igreja juntos, em família. Mas eu estava desesperada. Corri até o altar muitas vezes para ser curada dos meus pensamentos assustadores, não só nessa igreja mas em inúmeras outras nos anos seguintes.

Quando me sentei na sala desse pastor, ele fez questão de deixar a porta aberta para que a secretária pudesse estar por perto, como precaução, eu acho, por estar conversando sozinho com uma adolescente. No exato momento em que comecei a falar sobre os meus medos, ele me silenciou. Tenho certeza de que ele só estava tentando me proteger, mas ser silenciada ao mencionar meu sofrimento me fez sentir a vergonha correr pelo meu corpo. Depois disso, caminhei sozinha até meu carro no estacionamento quase vazio, enquanto as últimas luzes da entrada da igreja se apagavam. Essa foi uma das muitas caminhadas que fiz sozinha depois de buscar ajuda sem sucesso.

Ele não tinha ideia do que havia de errado comigo.

Eu também não.

Àquela altura, fazia anos que eu sofria com as imagens perturbadoras que passavam pela minha cabeça. Apavorada, eu costumava, metaforicamente e às vezes literalmente, prender a respiração em uma tentativa de forçar essas imagens a nunca mais voltarem. Bom, você sabe o que dizem sobre aquilo em que tentamos não pensar: nós pensamos.

Eu ficava ansiosa o tempo todo. Quando a ansiedade se tornava extrema, às vezes eu precisava correr para o banheiro e vomitar. Estava tão assustada, tão confusa. Tinha certeza de que ninguém nunca tinha sentido isso. Eu só queria ser como as outras pessoas.

Foi completamente humilhante naqueles primeiros anos como cristã pular de grupo em grupo, de pessoa em pessoa, e "confessar" que tinha pensamentos assustadores. Às vezes, na tentativa de encontrar alívio, eu me abria com elas sobre um medo específico que tinha. Hoje em dia sinto tanta compaixão por aquela versão jovem de mim mesma. Eu carregava aquela falsa vergonha como se fosse um crachá, me apresentando juntamente com ela em uma atitude desesperada para encontrar alívio. Fico tentando imaginar o que aquelas pessoas pensam hoje em dia. E sempre me pergunto o que elas pensaram lá atrás. Contar para um monte de gente dava a impressão de que ajudaria. Nunca ajudou. Por quê? Porque ninguém sabia o que havia de errado. E, justamente porque não sabiam, eu continuava concluindo que havia algo profundamente perturbador e errado *comigo*. Carreguei essa vergonha, uma prima da vergonha que sentia antes, comigo durante anos. *Anos*.

Você tem ideia de como é viver grande parte dos seus anos de formação acreditando que algo está muito errado com você? Talvez tenha. Isso me impactou profundamente. Talvez tenha impactado profundamente você também. Era perturbador, para dizer o mínimo. Eu lutava para manter a cabeça fora da água enquanto tentava agir como se estivesse vivendo uma vida normal.

Tudo parecia normal do lado de fora. Eu tinha pai e mãe trabalhadores, que faziam o melhor que podiam para cuidar de mim. A certa altura, contei a eles sobre minha ansiedade, minha vergonha (eu não tinha palavra para esse sentimento naquela época) e os pensamentos assustadores que me perseguiam. Eles ficaram preocupados, mas não sabiam o que fazer. Era uma época diferente, e os pais da minha geração não tinham a consciência sobre questões de saúde mental que temos hoje. Eu tinha um irmão mais velho com quem brigava de vez em quando, mas a quem amava e considerava a pessoa mais engraçada que conhecia. Eu jogava futebol, tirava boas notas. Acho que deu para entender o contexto geral. Ninguém suspeitaria ou mesmo teria motivo para presumir que embaixo disso tudo eu estava me afogando em uma piscina de vergonha. Ninguém entendia o quanto os pensamentos intrusivos tinham piorado, aqueles que confessei a todas aquelas pobres pessoas da igreja.

Quando minha mãe me contou sobre a pessoa que conhecíamos que tinha sido abusiva, fiquei sem chão. O meu cérebro adolescente não sabia como processar essa notícia terrível. Foi quando os pensamentos mais assustadores começaram a aparecer. Se *alguém que eu conhecia* era capaz *de fazer esse tipo de coisa*, o que *eu* poderia fazer? O que isso significava? Como dar sentido a tudo isso? Novamente, ninguém sabia que eu estava desabando mentalmente, por isso nunca recebi ajuda. E, mais uma vez, concluí que havia algo de muito errado comigo.

Anos se passaram.

Quanto às aparências, eu continuava a mostrar que tudo ia bem, embora me obrigasse a manter um controle rígido a cada momento para conseguir fazer coisas normais. As outras meninas dormiam pesado nas festas do pijama, por exemplo, mas eu ficava acordada, tomada pela ansiedade. Enquanto os adolescentes da minha idade iam para a faculdade despreocupados e cheios de esperança no futuro, comecei a minha sentindo que poderia morrer de verdade por causa da ansiedade e do medo que permeava o meu dia a dia.

Os medos me consumiam por inteiro. Eu ainda tentava buscar ajuda em diferentes fontes de fé, mas nenhuma delas — nenhuma mesmo — ajudou. Você tem ideia de como é ir de pessoa em pessoa, de encontros de oração a estudos bíblicos, se sentindo um serial killer disfarçado?

É horrível.

Foi só com vinte e poucos anos que finalmente encontrei alguém capaz de me ajudar. Minha amiga brilhante da faculdade me contou que seu pai era psicólogo. Ela não entendia o que exatamente eu teria para conversar com ele. Na época, pensei: *Meu Deus, se ela soubesse.*

Eu estava com tanto medo de procurá-lo.

Mas estava com mais medo ainda de *não* procurá-lo.

Eu sabia que não podia continuar vivendo daquele jeito. Minha mente me lembrou de uma caminhada solitária que fiz até o dormitório, sussurrando "ajuda" baixinho, me perguntando se a única maneira de escapar desse sofrimento seria tirando a minha vida.

Fui ver o dr. Barnes, o pai da minha amiga, no antiquado subsolo da igreja Batista em Charlotte, na Carolina do Norte. Eu não sabia que psicólogos podiam trabalhar em uma igreja Batista, muito menos no subsolo de uma. Não tinha sido criada nesse tipo de igreja e não sabia nada sobre psicologia, portanto era muita coisa para processar.

Ele era calmo, gentil e não se abalou com os pensamentos assustadores que despejei para todos os lados de seu escritório com móveis de mogno. Contei a ele sobre os pensamentos assustadores que me dominavam.

Ele ouviu e me disse que pensamentos são só pensamentos. Contei a ele o que tinha acontecido comigo na infância, e expliquei que tudo tinha sido culpa minha. Ele me disse que *não era* culpa minha. Disse a ele que tinha medo de ser uma pessoa ruim, muito ruim mesmo, por dentro. Ele me disse que eu *não era*. Em seguida, ele me ensinou sobre ansiedade e vergonha.

No fim das contas, eu não poderia ser curada por orações fervorosas de fiéis bem-intencionados da igreja; meus pais, apesar de suas ótimas conversas sobre preocupação, também não podiam ajudar.

Não havia outra solução a não ser encontrar os *nomes* certos para a minha dor. Aprender sobre o que eu estava sentindo foi o que mudou *tudo*.

Tudo começou a mudar para mim durante as minhas consultas com o dr. Barnes. Aprendi que, na verdade, não havia nada de errado comigo. Eu só não tinha encontrado ainda os nomes para a minha dor. Na ausência dos nomes certos, tudo o que tinha eram as narrativas que a minha dor sussurrava para mim: *Você é uma pessoa ruim, há algo de errado com você — se eles soubessem.*

Tenho que agradecer ao dr. Barnes e, de verdade, à minha dor não nomeada e ao meu sentimento de vergonha, pela minha carreira. Eu não queria que ninguém se sentisse sozinho e confuso sobre o que sente; por isso, decidi fazer exatamente como o dr. Barnes: eu me tornei terapeuta. Eu não queria que ninguém se sentisse preso, incapaz de alcançar o próprio potencial porque permanecia aprisionado àquilo que havia sido.

Ao invés de fugir do que me machucou, comecei a correr em direção a isso, na esperança não só de encontrar liberdade para mim mesma, mas também de ajudar outras pessoas a encontrar a própria liberdade. Essa se tornou a minha postura tanto na vida pessoal quanto na profissional.

Sou terapeuta há mais de quinze anos, treinada em diferentes modalidades terapêuticas e especializada em incontáveis disciplinas de educação continuada. Estou sempre lendo livros da minha área, a maioria de pesquisadores, mas também da imensidão de pensadores brilhantes desse espaço. Como todo bom terapeuta que conheço, estou sempre aprendendo. Algumas das teorias e abordagens que estudei não poderiam ser mais diferentes umas das outras. Mas o conhecimento que elas contêm, embora distinto, é inestimável. Esse conhecimento muda e, eu acredito, *salva vidas*.

Você sabe qual é o tema que vejo se repetindo nesses livros e teorias?

Nomear a sua dor.

Talvez o nome seja trauma, talvez seja vergonha, talvez seja pais viciados ou emocionalmente imaturos, talvez seja codependência, talvez seja preconceito, talvez seja luto ou talvez seja um diagnóstico de saúde mental. Pode ser qualquer coisa e pode, ao mesmo tempo, ser muitas coisas. O que todo esse conhecimento tem em comum, independentemente da fonte, é que ele nos ajuda a encontrar nomes para experiências dolorosas. É quando encontramos esses nomes que nos tornamos capazes de finalmente nos compreender e nos encontrar, às vezes pela primeira vez.

Quando enfim acendemos essa luz, conseguimos enxergar o que está acontecendo dentro de nós. É isso que todo bom trabalho terapêutico faz. Ele não elimina a dor, não pode consertar nossos pais, muito menos o mundo, mas define a dor para que não continuemos em uma busca sem fim, permitindo que ela cresça. Podemos estabelecer limites entre a dor e o que somos. A dor, quando bem definida, costuma se tornar menos opressora, possibilitando que você aprenda o que precisa fazer para lidar com ela. Quando encontramos a linguagem que identifica claramente aquela dor, *conseguimos nos reencontrar*.

Não posso dizer que sou grata pelo sofrimento que vivenciei durante todos aqueles anos de dor não nomeada. Mas *posso* dizer uma coisa a você: encontrar o nome e compreender a dor que você está sentindo é libertador.

Eu rezei durante anos para me livrar das minhas ansiedades, dos pensamentos assustadores, do sentimento de que eu era uma pessoa muito ruim. Eu desejava que tudo desaparecesse. Era *essa* a resposta que eu estava procurando. Embora não possa dizer a você que não ficaria grata por esse milagre, não foi o que aconteceu.

Quando descobri e continuei descobrindo o nome para a minha dor, encontrei a minha liberdade. Estou bem agora e tenho estado há bastante tempo.

Quando entendi melhor a minha ansiedade, os pensamentos assustadores deixaram de ser tão assustadores assim. Quando a minha ansiedade severa e o TOC foram tratados e eu parei de temê-los tanto, eles desapareceram. Lidei com meus traumas da infância, nomeando-os corretamente também. Faz mais de vinte anos que sinto alívio. Às vezes ainda tenho dificuldade com alguma vergonha aleatória e ainda fico ansiosa. Acho que é o que acontece com a maioria de nós. Mas eu sei o nome disso também e as escolhas que tenho.

Nunca recebi o meu milagre. Mas recuperei o *meu* nome, *depois* de ter encontrado nomes para a minha dor.

Sou grata por não ter desistido até finalmente encontrar a ajuda certa. Quero ajudar você a aprender a fazer o mesmo.

Vamos começar com o motivo pelo qual nossas dores costumam não ser nomeadas, e também com alguns dos caminhos errados que às vezes seguimos quando estamos procurando os nomes certos.

CAPÍTULO 2

O DIAGNÓSTICO ERRADO

"É difícil tratar aquilo que você não consegue — ou não quer — nomear."

MAGGIE SMITH

UM DIA, MINHA FILHA MAIS NOVA CISMOU que estava sonhando acordada. Hoje achamos engraçado, mas na época foi bem assustador para ela. O que aconteceu foi que, por termos passado um período mais longo fora do país, em um local com um fuso horário bem diferente, ela sentiu o efeito do jet lag.

O termo não significava nada para ela, até que ela entendeu o que era jet lag e seus efeitos. Ela se sentiu estranha, cansada e tonta durante o dia de um jeito que nunca tinha se sentido antes. Sem o diagnóstico certo (e com a mentalidade de uma criança), ela achou que estivesse presa em um sonho do qual não podia acordar. Depois de ter a correta compreensão, no entanto, ela conseguiu entender sua experiência.

Esse exemplo ilustra uma verdade importante: quando você tem um diagnóstico, um rótulo ou o entendimento errado para o que está acontecendo com você, isso pode gerar desdobramentos relevantes. É muito assustador se sentir preso dentro de um sonho. Passar pelo jet lag, nem tanto.

Por que é tão difícil para muitos de nós encontrar nomes para as nossas dores? Às vezes as pessoas chegam ao meu consultório depois de ter conversado com todos que conhecem, e mesmo assim ainda se sentem mal. Pode ser que você diga: "Bom, nem todo mundo conhece técnicas terapêuticas". É verdade, só que é mais do que isso. É uma combinação da invalidação que encontramos e dos rótulos errados que recebemos.

Vamos começar por essa questão. Quando procuramos a ajuda de outras pessoas, costumamos ser dispensados ou forçados a dar meia-volta. Saímos nos sentindo rejeitados ou desorientados. Por que as pessoas que a quem pedimos ajuda costumam fazer isso? Talvez seja porque a maioria simplesmente não sabe o que fazer conosco quando estamos sofrendo. Quando pedimos ajuda, geralmente encontramos uma simplificação excessiva e uma pressa por certezas.

Isso pode vir tanto da pessoa cuja profissão é ajudar ou de alguém que parece saber muita coisa. (Todos nós temos exemplos assim em nossas vidas.) Ter algum conhecimento é perigoso, principalmente nas mãos daqueles que têm certeza de que estão sempre certos.

Geralmente limitados, às vezes prolixos, esses "ajudantes" só enxergam o que aprenderam a enxergar. Suas lentes estão embaçadas por suas imitações e preconceitos. Ao invés de sua presença oferecer um espaço acolhedor e convidativo, oferece um lugar vazio, sem empatia nem respostas. Sozinhos, acabamos nos culpando. "Tem alguma coisa errada comigo. Estou sofrendo e parece que ninguém sabe por quê. *Deve* ter a ver comigo."

Soa familiar?

Digamos que você sinta dor nos ombros. O quiroprata vê a necessidade de alinhamento. O fisioterapeuta diz que você precisa se alongar. A acupunturista aplica suas agulhas. O ortopedista lhe dá uma injeção de cortisona. A sua avó reza. E o seu cunhado lhe conta sobre seus novos suplementos. Cada "especialista" enxerga aquilo que aprendeu a enxergar. Nada disso está necessariamente errado; só está incompleto.

Talvez eles estejam certos *em parte*. Talvez só um deles esteja certo. Talvez todos estejam errados. Qualquer que seja o caso, devemos permitir que nossas dores sejam tão complexas quanto precisem ser para que possamos encontrar nomes precisos para elas. Pode não ser uma resposta simples. Permitir que a complexidade permaneça vai ajudar você a decifrar a quais vozes ouvir.

Por exemplo, uma vez uma cliente procurou o meu consultório com uma "preocupação de trabalho". Quando descobriu a possibilidade de ser autista, ela saiu do consultório profundamente aliviada por finalmente se compreender e, consequentemente, *se amar mais*. Como isso aconteceu? Eu não a diagnostiquei como autista; isso vai além da minha expertise. Mas me recusei a permitir que a dor dela se limitasse à sua preocupação inicial e me mantive curiosa a seu respeito. Parecia haver mais em sua história.

Eu a atendi por um curto período de tempo, mas juntas nós abordamos as preocupações dela como se fosse um trabalho em grupo. Ouvimos a sabedoria de suas autorreflexões; em seguida, concordamos que um encaminhamento para que ela fizesse o teste era o próximo passo. Ela voltou para confirmar o diagnóstico e deixou meu consultório com um novo entendimento, que a levou a ter mais clareza e amor por si mesma.

Tenho inúmeros clientes que me procuram com sintomas depressivos e saem com um novo entendimento sobre uma doença autoimune, uma deficiência vitamínica ou um desequilíbrio hormonal. Eu os diagnostiquei? De novo, não. Mas eu os ajudei a encontrar alguém que poderia fazer isso. O catalisador para o encaminhamento foi o nosso engajamento mútuo, culminando em uma recusa compartilhada de simplificar em excesso suas dores, o que provavelmente levaria ao diagnóstico errado do que a causava. Nós permitimos que a resposta fosse complexa, caso fosse necessário.

Muitas mães se sentam em meu sofá e me dizem que estão com um "problema de irritação". Juntas, descobrimos que na verdade elas têm um problema de sobrecarga. Elas estão tão sobrecarregadas que ficam irritadas com a criança de que se esforçam tanto para cuidar. Se tivéssemos apontado um dedo acusador para a irritação delas, nunca teríamos chegado à verdadeira origem de suas dores.

Vamos pensar assim: você já ouviu falar que um martelo enxerga todas as coisas como pregos, não ouviu? Talvez uma amiga tenha acabado de ler um livro fantástico sobre gratidão. Foi transformador! O único problema é que ela agora está tentando mudar a *sua* vida e a vida de todo mundo por meio das visões dela sobre gratidão. A recusa de sua mãe a respeitar seus limites chegando sem avisar agora é rotulada por sua amiga como uma "falta de gratidão" da *sua* parte.

Percebe aonde quero chegar com isso?

Enxergamos aquilo que aprendemos a enxergar. Também vemos o que queremos ver. Essas limitações nos impedem de encontrar o que precisamos tanto em ambientes profissionais como nas relações pessoais.

Talvez seja muita coisa para processar. Por isso, é muito importante fazer uma pausa aqui e nos lembrarmos de que existem diagnósticos corretos a serem encontrados. A compreensão existe *de verdade*! Talvez não na fórmula pré-embalada que foi oferecida a você. A chave é resistir à pressão para simplificar excessivamente a sua dor com uma resposta rápida. A complexidade não é um risco, é uma porta importante que o leva a encontrar o que precisa. Se não parecer certo, continue procurando. Às vezes pode ser assustador continuar procurando, principalmente se você admirava ou respeitava demais a pessoa que não foi capaz de ajudá-lo. As pessoas podem confiar no diagnóstico que deram a você, mas a sua confiança é mais importante. Às vezes é preciso sair de um lugar que não ajudou e pedir outra opinião.

Procurando respostas em todos os lugares errados

Ainda me lembro do ruído embaixo dos meus pés enquanto minha colega de quarto e eu atravessávamos o estacionamento de pedrinhas da igreja que estávamos frequentando, que funcionava temporariamente em um trailer. Subimos os degraus de madeira e abrimos a porta que rangia, procurando pelo pastor que tinha concordado em nos receber. Nós o encontramos em seu escritório minúsculo e nos sentamos.

Naqueles anos, fiquei procurando e orando para receber ajuda de pessoas da igreja. Minha colega de quarto, uma das poucas pessoas para quem contei sobre os pensamentos que me assombravam, me convenceu a conversar com *mais um pastor*.

A teologia de duas jovens desesperadas era questionável, mas o amor da minha amiga por mim não era. Ela queria aliviar meu sofrimento e encontrar uma resposta. Por isso, me levou a um lugar que julgou ser confiável. Ela era uma amiga de verdade.

Ela acreditava que meus pensamentos intrusivos tinham origem espiritual. (Sim, para você ver como tínhamos pouca informação naquela época sobre saúde mental.) Ela levantou essa hipótese para o pastor, enquanto eu permanecia sentada ao lado dela me sentindo humilhada. Eu queria me arrastar para debaixo do carpete feio da sala. As dores não nomeadas às vezes podem ser humilhantes.

O pastor ouviu, ou pelo menos pareceu estar ouvindo. Sem nem ao menos parar para refletir, ele iniciou um sermão sobre o fato de que aquilo *não poderia* ser espiritual. Aqueles pensamentos eram *definitivamente* meus. Enquanto me condenava como única proprietária daquele problema, ele parecia satisfeito consigo mesmo. Quando fizemos perguntas, ele as desqualificou com arrogância. Não se deu ao trabalho de me perguntar se eu estava bem. Não perguntou se eu precisava de ajuda. E assim voltamos para o estacionamento e paramos ao lado do carro da minha amiga, o pé afundando na brita com o peso do aumento da culpa que eu carregava.

Tínhamos ido lá em busca de ajuda e recebemos um sermão. Éramos duas estudantes universitárias jovens tão desesperadas que tínhamos dirigido por trinta minutos para encontrá-lo em seu local de trabalho, e ele não gastou um minuto para mencionar qualquer relação com a saúde mental. Não sugeriu terapia nem recomendou que eu procurasse um psiquiatra. Talvez não acreditasse em tratamento para a saúde mental? Não sei. Qualquer que seja o caso, ele fez aquele discurso sem enxergar, *de verdade*, a jovem que estava sofrendo diante dele.

Em meus anos de experiência como terapeuta, essa não é uma história isolada. Versões dela acontecem com tantas pessoas em diferentes cenários. Ouço relatos assim toda semana.

Às vezes, pessoas em posições de poder não se questionam o suficiente. Não escutam o suficiente. Não pedem uma segunda opinião. Não dizem "Não sei, mas vou te ajudar a encontrar alguém que saiba" o suficiente. Não dizem "Eu acredito em você" o suficiente. Elas não dizem "Pode falar, estou te escutando" o suficiente.

Se essa foi a sua experiência, espero que ouça e acredite na sua história e continue procurando pela ajuda certa. Ela *realmente* existe. Encontre alguém que vai considerar, acreditar e ouvir você. E digo isso ao mesmo tempo que reconheço que é um privilégio poder buscar ajuda, e é geralmente a falta de privilégio que nos impede de fazer isso também.

Já consolei uma cliente que voltou de uma consulta concorrida com um psiquiatra a quem precisou ter muita coragem para procurar, depois que a ansiedade quase a fez perder o emprego como professora. O médico olhou para ela e disse que bastava ela se exercitar e "parar de se preocupar".

Desculpe, *como assim*?

Já escutei uma cliente com dor crônica contar que o médico lhe disse que era só estresse.

Senti a injustiça quando minha amiga, uma mulher preta, foi dispensada em um momento de necessidade por um psiquiatra branco, com base em uma tecnicalidade que ele inventou.

Já conversei com uma nova amiga ginecologista pelo telefone para lhe dizer o quanto sou grata por ter alguém que escuta as pacientes que encaminho para ela. "Isso é tão raro", digo a ela. Já que minha profissão é escutar, tenho consciência do quanto as pessoas que estão sofrendo são pouco ouvidas.

Isso aconteceu com você? Em um consultório médico, no de um terapeuta, em uma igreja ou em uma sessão de aconselhamento, ou em outro lugar?

Na minha opinião, isso costuma acontecer quando se trata de questões de saúde mental, trauma e sofrimento emocional. Por quê? Porque essas coisas têm camadas, que costumam ser complexas em sua etiologia. Parte do problema se deve ao fato de que os profissionais que estão tratando essas pessoas querem que a dor desapareça o mais rápido possível. Talvez a paciência desses profissionais tenha diminuído ao longo dos anos, por causa do estresse em suas próprias vidas ou pelo fardo de suas próprias dores não nomeadas. Talvez o número de casos que atendem por dia os tenha esgotado, e eles só pensem em terminar o expediente no consultório e voltar para casa. Qualquer que seja o motivo, eles sempre passam por cima da complexidade do problema preenchendo às pressas uma prescrição.

Quando alguém diz que está triste e não consegue parar de chorar, pode ser mais fácil culpá-lo ou criticá-lo do que dar um passo atrás e abrir espaço para a história de um possível trauma, condições clínicas, desequilíbrios químicos, estressores ambientais e socioeconômicos e injustiças sistêmicas — todos esses fatores podem estar contribuindo para a dor desse alguém.

É muito mais fácil minimizar algo ou espiritualizá-lo, culpar a pessoa que está sofrendo ou simplesmente ignorar tudo.

Sendo bem sinceros, fazemos isso uns com os outros, não fazemos? E o que faz aquele seu amigo que tem *tooodas* as respostas? Ou aquele *coach* da internet, aquele que faz vídeos de ensinamento com música?

Existem "terapeutas", "coaches" e "curandeiros" por toda a internet, falando sobre coisas mesmo sem ter a competência, o treinamento ou a experiência necessária. Essas pessoas geralmente simplificam em excesso, e isso tem muito apelo para quem está sofrendo. No entanto, quando uma solução é minimizada para que um problema seja reduzido a uma sequência simples de três passos, isso pode ser prejudicial.

A maioria de nós, em um momento ou outro, já vivenciou alguma versão disso. A solução simplista não funciona para nós, e acabamos nos sentindo pior. A verdade é que reconhecer a complexidade do problema é o primeiro passo para iniciar o processo de cura. Uma solução fácil pode vender muitos livros ou conquistar muitos seguidores nas redes sociais, mas também pode fazer as pessoas se sentirem mais desiludidas e desesperadas.

Não sei o que há de errado, então o problema deve ser comigo

Um diagnóstico, um rótulo ou um entendimento errado não só é prejudicial como pode ser fonte de isolamento. Na melhor das hipóteses, pode nos direcionar para o caminho mais longo na busca pelo nome certo. Na pior das hipóteses, pode nos deixar desesperados com a possibilidade de nunca encontrar ajuda. Quando procuramos ajuda e recebemos o oposto disso, acabamos sentindo como se não houvesse esperança para nós.

A consequência mais terrível de receber um diagnóstico errado, seja de um profissional ou de um amigo, não é só constatar que você não está recebendo a ajuda de que precisa: é que isso geralmente contribui para o isolamento que resulta da conclusão de que o problema está em você, e isso faz você começar a sentir vergonha.

A vergonha alimenta a narrativa de que você está sofrendo, está deprimido, decepcionado, magoado ou ansioso porque há algo de errado *com você*.[2] A vergonha nunca é verdadeira, mas o que pode ser verdade é que você tinha dores válidas com nomes inválidos.

Identificar que você sente essa vergonha é um passo importante para encontrar o entendimento correto. Essa vergonha não é algo que você precisa carregar, e eu espero que este capítulo possa deixá-lo mais perto de trocar a vergonha, os diagnósticos e os rótulos incorretos pela busca por uma ajuda mais precisa.

Obter o diagnóstico errado é uma espécie de *rejeição*, não só da nossa dor, mas também do motivo pelo qual a nossa dor costuma não ser nomeada. Vamos examinar isso com mais detalhes no próximo capítulo.

Enquanto fazemos isso, lembre-se: estamos juntos aqui.

CAPÍTULO 3

NÃO É TÃO IMPORTANTE ASSIM: A DOR DA REJEIÇÃO

"Não há dor no mundo que não anseie por uma testemunha benevolente."

SUE MONK KIDD

QUANDO EU TINHA SEIS ANOS, ESTAVA BRINCANDO em uma rua sem saída perto da minha casa com algumas crianças do bairro. Uma delas, um menino, caiu e se machucou muito. Ele se levantou e ficou andando em círculos, chorando baixinho. O grupo aleatório de adultos e crianças parecia não saber o que fazer com ele. Alguém deve ter chamado a mãe dele. Eu a vi descendo a rua. Quando o garoto olhou para cima e a viu, começou a chorar alto enquanto corria para ela, se atirando em seus braços.

Alguns podem considerar a resposta da criança uma tentativa dramática de comover a mãe. Não foi isso que vi. No fundo da minha alma infantil, vi um menino correndo em direção a alguém que não iria desmerecer sua dor. Ele estava correndo em direção à validação e ao conforto.

É disso que precisamos quando estamos sofrendo. Talvez seja disso que *você* precisa.

Perdi as contas de quantos clientes se sentaram em meu consultório, relatando tranquilamente um evento que aconteceu na infância, ou então na semana passada, e eu os interrompi, questionando: "Espere um minuto, você está me dizendo que ____ ____ aconteceu?" E eu repetia o que a pessoa falou, para ter certeza de que entendi certo.

Eles geralmente se mostram surpresos, talvez até nervosos, temendo que eu vá criticá-los por mencionar algo assim ou mesmo lhes dizer que estão fazendo drama. Pode ser que eles mesmos digam que devem estar *exagerando* um pouco.

Em seguida, concluo meu raciocínio: "e que isso não é *tão* importante assim?".

Talvez minha pergunta os confunda. Só estavam relatando uma informação e não esperavam que eu pausasse, aprofundasse e atentasse para o que diziam. Então, digo algo como: "É muita coisa" ou "Nossa, parece ser muito difícil" ou "Isso deve ter doído muito" ou "Não acredito que ele disse isso para você" ou simplesmente "Isso não está certo".

Às vezes os clientes soltam o ar lentamente, sem perceber que estavam prendendo a respiração. Outras vezes, podem dizer algo como: "É, acho que você tem razão, é importante mesmo" ou "É, fiquei magoado sim" ou "Achei que estivesse exagerando".

Na maioria das vezes, eles notam a diferença. Como isso aconteceu? Nenhum de nós desmereceu a experiência. Permitimos que ela fosse vista, ouvida e sentida. Permitimos que ela tivesse importância. E por que isso é importante? Porque afeta todas as partes da sua vida.

Independentemente do conteúdo, nomear suas experiências difíceis como *difíceis* é importante. Aprender a não desmerecer, minimizar ou invalidar suas experiências é essencial não só para nomeá-las como também para honrar a sua história.

Como aprendemos a fazer isso

Muitos de nós aprendemos a desmerecer nossas experiências com os "professores" de nossas vidas, e também com a nossa cultura. Ambos podem modelar esse tipo de rejeição. É sempre mais ou menos deste jeito: alguém desvia o olhar ou muda de assunto quando a sua dificuldade é mencionada. É como se alguém virasse e dissesse para o seu coração partido: "Bom, pelo menos você ainda tem um emprego". Ou, se você recebeu um diagnóstico preocupante: "Pelo menos você tem plano de saúde".

Sobre isso, Brené Brown disse: "Raramente, ou nunca, uma resposta empática começa com 'pelo menos' [...] Alguém acabou de dividir conosco algo doloroso e [...] estamos tentando ver o lado bom disso".[3]

Quando ouvimos afirmações como "pelo menos", estamos ouvindo em alto e bom som que não deveríamos nos concentrar naquela dificuldade. Isso costuma ser a tentativa de alguém para fazer com que nos sintamos melhor, mas acaba tendo o efeito contrário, não é mesmo?

A rejeição tem mais a ver com o desconforto do outro com a nossa dificuldade do que com a validação dos nossos sentimentos. Apesar das boas intenções, isso acaba fazendo com que nos sintamos desconectados daquela pessoa, isolados e sozinhos.

Gasto muito tempo na terapia não só destrinchando coisas difíceis como também destrinchando a maneira como outras pessoas acabaram empilhando mais sofrimento em cima de uma coisa que já era dolorosa com a sua rejeição.

O contínuo de rejeição

Eu adoro conceitualizar as coisas em um contínuo. A maioria das coisas é "tudo ou nada". Reconhecer essa nuance nos ajuda a compreender melhor o que estamos sentindo. Esse é, na verdade, um jeito diferente de nomear. Nas sessões de terapia, costumo separar e levantar minhas mãos como se fossem traves, ilustrando o espaço entre elas como sendo qualquer lugar que você pode ocupar com um sentimento ou uma experiência.

Existem níveis diferentes de rejeição, da minimização ao *gaslighting* (manipulação psicológica). O *gaslighting*, caso você só tenha uma noção vaga do termo, tem um histórico interessante. Entrou na nossa linguagem por meio de uma peça de teatro e de sua adaptação cinematográfica, acredite se quiser. *Gaslight* (*À meia-luz*, em português) é um filme de 1944, filmado em Londres durante a era Vitoriana. Conta a história de um homem astuto que manipula a esposa rica para roubar sua fortuna. Um dos meios que ele encontra para fazer isso é diminuindo e aumentando a intensidade das lanternas a gás dentro de casa, convencendo-a de que está imaginando coisas e enlouquecendo.

Mais tarde, se tornou um termo da psicologia. *Gaslighting* é um modo de manipular alguém gradualmente ao longo do tempo, levantando dúvidas sobre sua capacidade de perceber a realidade. O resultado é que a vítima, inconscientemente, começa a duvidar da veracidade de suas próprias percepções e da validade dos próprios pensamentos. Isso pode causar confusão e ter um enorme impacto na autoestima, confiança e saúde mental.[4]

Essas duas formas de rejeição — minimização e *gaslighting* — existem em um contínuo de gravidade. No lado menos grave do contínuo está a minimização, que às vezes é tão sutil que passa desapercebida. No entanto, mesmo que você não consiga detectá-la, ela pode ser destrutiva. A gravidade nesse contínuo pode aumentar até chegar ao *gaslighting* praticado contra alguém ou até mesmo a atitude de culpar você pela própria dor. Acrescentar vergonha à dor que alguém está sentindo — seja por causa de um dia difícil, um relacionamento difícil ou uma vida difícil — só faz aumentar essa dor.

Agora vamos analisar as respostas que a sua dor evocou nas pessoas ao seu redor. Onde você enxerga as suas próprias experiências nas definições a seguir?

Minimização — quando alguém lhe diz "isso não é tão importante assim", mas é importante para você.

Exemplo: Você comenta com alguém sobre uma conversa difícil que teve com seu chefe e a pessoa responde: "Se você acha *isso* ruim, deixa eu te contar sobre a bronca que a minha prima levou do chefe *dela*!".

Desmerecimento — a sua dificuldade não só é minimizada, mas também descartada com um "supera" em tom condescendente.

Exemplo: Você perde o emprego e, no lugar de uma resposta empática, recebe um "Pelo menos você tem saúde". As afirmações que começam com "pelo menos" são características da falta de empatia.

Invalidação — pode ocorrer quando lhe dizem que os motivos para o modo como você se sente não são adequados.

Exemplo: Você fica magoado com um comentário feito em uma festa e tenta conversar sobre isso com um amigo, mas a resposta que recebe é "Você está exagerando. Tenho certeza que não foi isso que a pessoa quis dizer".

Desvio espiritual — sua dor é contornada ao ser vista pela "lente espiritual". No início dos anos 1980, John Welwood cunhou esse termo como uma "tendência a usar noções e práticas espirituais para desviar ou evitar enfrentar problemas emocionais não resolvidos, feridas psicológicas e tarefas de desenvolvimento inacabadas".[5]

Exemplo: Você está tentando engravidar, mas não está conseguindo, e, no lugar de empatia, você ouve: "Quem sabe se você parar de se preocupar com isso aconteça" ou "Ou talvez Deus esteja testando você". Você é diagnosticado com câncer e o consolo que recebe de seu amigo espiritualizado é "Deus tem um plano".

Gaslighting — a intenção do manipulador é enganar, confundir e criar insegurança em todos que ele estiver manipulando. Por isso, esse é um tipo diferente de rejeição do restante do contínuo.

Exemplo: Você conta ao seu chefe sobre o comportamento inapropriado de um colega de trabalho e ouve: "Você está imaginando coisas. Nunca que ele disse isso". Os manipuladores geralmente sabem a verdade mas não querem ser desmascarados ou ter que lidar com as consequências da verdade vindo à tona. Existe um compromisso conivente nesse tipo de manipulação que a distingue do restante do contínuo.

Uma observação sobre o desvio espiritual

Esse tipo de rejeição da experiência de alguém merece uma discussão mais profunda. O desvio espiritual pertence ao mesmo grupo do "tudo acontece por um motivo". É um lugar no qual você não tem permissão para se sentir triste, com medo, confuso, em dúvida. O mau uso das noções espirituais acontece quando evitamos encarar aspectos nossos ou nos outros contornando-os por meio do uso da linguagem espiritual e de jargões religiosos populares, frases feitas ou afirmações como "Deus tem um plano" e "Tenha fé".

É se recusar a reconhecer sentimentos difíceis e problemas não resolvidos, desmerecendo-os com explicações e ditados espirituais. Isso não se limita a uma fé específica ou a comunidades de fé em geral. Fazemos isso o tempo todo uns com os outros, ignorando a dor ao atribuir a ela um rótulo espiritual.

Uma vez, estive diante de um casal que carregava muita dor, o que, claramente, impactou no casamento deles. Além disso, o marido tinha desenvolvido uma depressão tão profunda que estava afetando sua capacidade de funcionar.

— Aceitar esse sofrimento é sagrado — ele me disse. — Esse é o fardo que preciso carregar. — Sua esposa balançou a cabeça, desesperada para que ele encontrasse alívio, para que ambos pudessem encontrar alívio.

Respondi com o máximo de gentileza que consegui:

— Não é sagrado se privar de receber ajuda.

Não é sagrado, é? Ainda assim fazemos isso com frequência e de inúmeras maneiras.

O desvio espiritual assume muitas formas e faces, mas todas compartilham o traço comum de diminuir demais a dor e criar vários "deveria" sobre como lidar com a dor. Você sabe quando está sendo alvo de um desvio espiritual quando alguém passa por cima da sua experiência e indica uma solução espiritual ou religiosa, ou extremamente simplista, ou que se aplica a todas as situações. Pode haver grande conforto em uma verdade norteadora, mas ela nunca precisa vir acompanhada do desmerecimento de algo difícil. Uma verdade espiritual, se for de fato espiritual e de fato verdadeira, deve ser forte o bastante para sustentar as dificuldades, sem a necessidade de fazer um desvio.

Nós nos desviamos espiritualmente quando negamos a dificuldade de algo ou o rejeitamos porque não se encaixa perfeitamente na caixinha religiosa. Quando o desvio espiritual vem de outras pessoas, ou da nossa comunidade, pode se manifestar como uma negligência tanto ativa quanto passiva da dor. Esta última abandona a pessoa em um momento de grande necessidade. Chegar do outro lado da dor requer que as pessoas nos ajudem durante a jornada. Porém, quando nos recusamos a encarar coisas que são complicadas, nós nos abandonamos em nossa dor.

Por exemplo, uma jovem se sentou diante de mim, de luto não apenas pelo fim do casamento, mas também pela perda da comunidade espiritual extremamente unida que não mais a aceitava. Eles não interagiam mais com ela e viravam o rosto, como se ela tivesse uma letra escarlate no peito. Retiraram seu posto de voluntária, deixando-a sozinha em sua dor.

Uma vez ouvi um pastor exclamar com orgulho sobre um assunto complicado: "Nós simplesmente não lidamos com isso aqui".

Bom, pensei, *então é péssimo ser um ser humano aqui.*

Um jeito diferente

Terapia não é mágica. Ela tem suas limitações. Mas uma das coisas que a boa terapia oferece é um modelo para nos movermos em direção às dores uns dos outros. É um modelo de alguém que, quando percebe que você está andando em círculos, chorando baixinho, caminha até você de braços abertos para abraçá-lo.

Essa é uma imagem tão clara e convincente do amor, não acha?

Temos uma foto pendurada em nossa casa que meu marido tirou em uma unidade do corpo de bombeiros em Londres. Na parede do prédio, escrito em letra vermelha, estava escrito: “Amar é correr em direção a”.

Não é mais complicado que isso.

CAPÍTULO 4

ESCUTE

"Quanto mais você fica em silêncio, mais é capaz de escutar."

RAM DASS

É IMPRESSIONANTE A DIFERENÇA QUE UMA MUDANÇA da rejeição para a validação pode fazer. É o que terapeutas chamam de uma "experiência emocional corretiva".[6] Isso nos ajuda a aprender a nos relacionar de um jeito diferente, apresentando a mesma categoria de experiência de um novo jeito, podendo mudar o modo como agimos em relacionamentos, e também pode nos ajudar a nos sentirmos vistos.

Mas e se você não tiver alguém que possa validá-lo? O que acontece?

Pode ser que você não tenha alguém para descer a rua na sua direção hoje. Na verdade, essa pode *ser* a sua dor. Mas você pode descer aquela rua para encontrar a si mesmo. Pode se recusar a virar as costas para o seu coração machucado.

Preciso esclarecer: não existe um substituto de estar com outro ser humano com quem nos sentimos seguros.[7] No entanto, acredito que subestimamos as maneiras como podemos estar conosco. Acho que não aprendemos o suficiente sobre essa capacidade de conforto que todos nós temos.

O processo de nomear a sua dor começa com aprender a escutar a si mesmo, talvez de maneiras como você nunca foi ouvido antes. Você não pode nomear o que não consegue ouvir.

Eu costumo falar para os clientes: "Você é o especialista em si mesmo". Isso não quer dizer que eles entendem tudo; se entendessem, não estariam fazendo terapia. O que significa é que você sabe mais sobre si mesmo do que eu. Você pode não saber nomear determinada coisa, mas sabe mais sobre a sua vida do que alguém que a observa de fora pode saber, principalmente se aprender a escutar.

Acredito que Deus desce aquela rua em nossa direção, dando um exemplo de como devemos nos amar. Talvez nossas crenças com relação a isso sejam diferentes, mas, de um jeito ou de outro, descer a rua até você é o caminho para aprender a ouvir aquilo que dói.

Uma pequena revolução

Quando comecei a escrever este livro, fui atingida por um raio criativo que me deu a melhor ideia de todas. Entrei em casa correndo para contar ao meu marido. Cercando-o no corredor, exclamei:

— Vou escrever um capítulo inteiro. — Em seguida, levantei as mãos e sinalizei como se estivesse escrevendo um letreiro da Broadway. — E o título vai ser "Escute". — Abaixei as mãos e esperei que o raio o atingisse também.

Isso não aconteceu.

Ele olhou para mim e piscou.

— Parece bom.

— É sobre escutar *a si mesmo* — expliquei com fervor.

— Que ótimo.

Ótimo?, pensei. *Não, isso pode mudar vidas.*

Sei que isso pode parecer tão sem graça quanto a resposta do meu marido, o que é um dos motivos para que seja ignorado. Outro motivo é que parece um clichê. Mas acompanhe o meu raciocínio, ok? Porque eu acho que pode provocar uma mudança revolucionária em seu pensamento.

Nós costumamos nos abandonar bem cedo. Fazemos isso quando minimizamos nossos sentimentos, seja tentando não senti-los, seja ignorando-os por completo. Quando sentimos que tem algo errado conosco, aprendemos a mostrar uma versão de nós mesmos que acreditamos que os outros vão aceitar. E nos abandonamos quando escolhemos valorizar as opiniões dos outros em vez do nosso próprio conhecimento inato. Muitos de nós se abandonam cedo. Alguns de nós ainda fazem isso.

Talvez você esteja entre os que se abandonaram.

Alguém disse uma vez que a pergunta "E se?" é o início de cada história. Acho que é verdade. Permita-me perguntar a você sobre a *sua* história, pode ser? *E se* você parasse? *E se* você parasse de se abandonar? *E se* você fosse procurar por aquela garotinha ou garotinho que se machucou há muito tempo? *E se* você descesse a rua de seu antigo bairro e visse a criança que foi um dia perambulando sem rumo, chorando? Assim que você abre os braços, a criança o vê, corre até você e se atira em seus braços.

Como isso mudaria a sua história?

Escutar a si mesmo é uma maneira gentil de se recusar a ir embora. Assim como quando se senta com um bom amigo, você não precisa resolver nada para essa criança, só precisa estar presente.

Um dia, saindo do consultório da minha terapeuta, em um prédio comercial alto, esperei o elevador que me levaria para o meu próprio consultório, vários andares abaixo. Quando entrei, pensei na sugestão dela para a minha própria dor: *um clichê*. Apertei o botão para o meu andar. Assim que as portas se fecharam, um segundo pensamento me ocorreu: *muito útil, porém*. Eu me encostei na parede do elevador, refletindo sobre o conselho da minha terapeuta. Antes que o elevador parasse, tive uma epifania.

Eu poderia *ser a minha própria amiga*.

Eu poderia *aprender a nunca me abandonar*.

Respirei fundo aquele ar maravilhoso, prendi o momento em meus pulmões e soltei o ar. Quando o elevador chegou, eu sabia, mesmo antes de as portas se abrirem, que algo dentro de mim tinha mudado.

Agora, sempre que me vejo passando por uma experiência dolorosa, penso: *Isso é o que vou fazer: não vou* me rejeitar *quando for rejeitada. Não vou* me abandonar *quando me sentir abandonada. Não vou* ficar contra mim *quando for magoada. Não vou* me trair *quando me sentir traída. Não vou* me desmerecer nem manipular a mim mesma.

Eu resolvi: *Vou descer a rua para me encontrar. Vou escutar. Vou ser uma amiga para mim mesma. Uma boa amiga.*

Eu sei a segurança que sinto quando sou uma boa amiga para mim. Ensino meus clientes a fazerem o mesmo. Ofereço a você o que já ofereci a eles. *Você* pode ser alguém que nunca vai se abandonar; que sempre estará lá de braços abertos esperando para abraçar; que sempre estará presente para escutar a dor de suas histórias.

Você passa a pertencer a si mesmo quando valida a sua própria experiência. Perdi a conta de quantos momentos sagrados de clareza, alívio, conforto, luto, raiva e gratidão já testemunhei quando alguém se sente seguro o bastante para parar e escutar aquilo que tentava dizer a si mesmo. Quando alguém deixa de se desmerecer, começa a entender quem é. É nessa direção que você e eu estamos caminhando. A jornada começa com duas palavras: simplesmente escute.

Escute seu corpo. Sua história. Seus sentimentos. Sua dor. Escute os ecos das experiências que você já teve muito medo de encarar, ou que lhe disseram para desconsiderar, ou que você simplesmente não sabia como lidar. Recuse-se a desviar o olhar. Recuse-se a ignorar a si mesmo do jeito que *foi* ignorado.

O alívio que escutar a si mesmo traz pode mudar vidas. Uma das coisas que espero que você faça depois de ler este livro é aprender a escutar, não só a mim mas principalmente *a você*.

Um detalhe importante: talvez você tenha medo de que esse tipo de escuta seja um gatilho para memórias traumáticas. Se for esse o caso, por favor reserve esse trabalho para um profissional atencioso.

Conta mais

O melhor conselho parental que acredito ter recebido foi: "Conta mais". Meu filho tagarelava sobre algo que aconteceu na aula de música e eu dizia "Conta mais". Minha filha compartilhava uma história que ouviu no parquinho e eu respondia "Conta mais". É um jeito simples de demonstrar a eles que estou interessada e quero saber mais. Isso me ajudou muito, tanto nos meus relacionamentos pessoais quanto nos profissionais.

Neste ponto, talvez você esteja se perguntando: o que é "escutar a si mesmo"?

Não é muito diferente do "conta mais". Às vezes eu coloco a mão sobre o coração e digo algo como: "Estou ouvindo". As palavras podem variar, mas a intenção é a mesma. Vamos examinar mais a fundo a prática da escuta descrevendo alguns de seus componentes.

Ter curiosidade: talvez você já tenha ouvido aquela citação da série *Ted Lasso*: "Tenha curiosidade, não julgue". Por que nos identificamos tanto com ela? Em parte, acredito que seja porque quase sempre começamos julgando, inclusive a nós mesmos. Ninguém gosta de ser julgado. O medo do nosso próprio julgamento pode ser um dos motivos pelos quais você não se escuta. Tente ter curiosidade em vez disso. Pode ser assim: "O que estou sentindo agora?". Ou, então, tente colocar a mão sobre o coração e dizer "Estou ouvindo". Ter curiosidade sem julgar se parece muito com amor.

Testemunhar: "Eu vejo você, eu ouço você, eu acredito em você. Não precisa provar nada para mim". É assim que podemos ter uma presença validadora e testemunhar qualquer experiência pela qual passamos ou estamos passando. Esse é um presente que você pode dar a si mesmo. Pare e observe. Pare e observe como se sente quando chega ao trabalho. Pare e observe como o seu corpo se sente depois de chegar em casa. Ser testemunha das suas próprias experiências, não importa se parecem grandes ou pequenas, é uma forma de honrá-las.

Validar: você sabia que, mesmo que ninguém o faça, você pode validar *a si mesmo*? Isso não quer dizer que você está sempre certo; quer dizer simplesmente que você está se permitindo honrar aquilo que sente. Já se pegou discutindo consigo mesmo sobre se deveria ou não se sentir de determinada maneira? Ou redigindo uma argumentação mentalmente para provar para outra pessoa que os seus sentimentos são válidos? Uma maneira gentil de contornar isso é parar de discutir e em vez disso reconhecer: *Estou com raiva sim, e está tudo bem.*

Escutar o seu corpo: muitos de nós estamos mais familiarizados com escutar nossos sentimentos do que talvez estejamos com escutar nossos corpos.[8] Geralmente somos ensinados a ignorar as necessidades dos nossos corpos, até as mais básicas, como a necessidade de comer ou ir ao banheiro. Escutar o seu corpo é também uma forma de conhecer a si mesmo. Quando os clientes praticam *estar com* seus corpos, respeitando-os com atenção, coisas maravilhosas acontecem. Já vi pessoas aprenderem a honrar sua necessidade de descansar quando percebem o quanto estavam exaustas. Algumas aprendem o que precisam em um relacionamento escutando as necessidades do próprio corpo. Outras descobrem um diagnóstico médico escutando o que seus corpos estão dizendo e respondendo de um modo que as leve a encontrar a ajuda de que precisam. É impressionante o que você pode descobrir quando escuta a si mesmo.

Permitir que tudo seja verdade: uma das coisas mais libertadoras está nesta ideia simples que sempre repito na terapia: "Permita que tudo seja verdade". Você não precisa escolher. Não é uma competição entre sentimentos. Com frequência, sentimos como se tivéssemos que escolher um sentimento em detrimento de outro, nos confinando a viver em uma binaridade falsa. "Eu amo isso ou odeio isso" ou "Ela é uma boa amiga ou é uma amiga ruim". A realidade é que podemos sentir quinze coisas diferentes ao mesmo tempo. "Sinto gratidão pelo meu emprego, e morro de tédio." O alívio resulta de não precisar mais discutir sobre o que sentimos e, em vez disso, permitir que tudo exista ao mesmo tempo.

Escutar gera escuta. À medida que prestamos atenção, ficamos mais atentos a nós mesmos, sobretudo às partes que estão assustadas, em dúvida ou precisando que façamos algo.

Antes de deixarmos esta seção, eu gostaria de oferecer mais algumas hipóteses para você considerar:

E se ouvir e ser um bom amigo para si mesmo *puder* mudar a sua vida? *E se* isso começar uma revolução dentro de você para se recusar a se tratar da mesma forma dolorosa e desdenhosa como talvez tenha sido tratado?

Pesquisas defendem descer a rua e fazer amizade consigo mesmo. Bessel van der Kolk, autor do livro *O corpo guarda as marcas*, sabiamente escreve: "Pesquisas em neurociência mostram que o único modo de mudar como nos sentimos é nos tornando conscientes das nossas experiências interiores e aprendendo a fazer as pazes com o que está acontecendo dentro de nós".[9]

A sua história demanda sua amizade atenta. Permanecer consigo mesmo é a ponte que o leva a nomear a sua dor. Atravesse junto *com você* essa ponte. Segure na sua mão. E vamos juntos cruzá-la até o lugar onde poderemos encontrar nomes específicos para a sua dor.

PARTE 2

A JORNADA – ENCONTRANDO NOMES PARA SUA DOR

CAPÍTULO 5

SEJA O SHERLOCK HOLMES DA SUA VIDA

"A sabedoria começa por chamar as coisas pelos nomes certos."

CONFÚCIO

NAS SESSÕES COM O DR. BARNES, QUANDO EU TINHA pouco mais de vinte anos, ele me ensinou a olhar para as coisas de um jeito novo — como se fosse possível enxergar o que sempre esteve ali, mas de outra forma. Iniciamos a descoberta das pistas da minha história e, ao longo desse caminho, passei a compreender por que enfrentava tantas dificuldades. As pistas sempre estiveram lá — eu é que ainda não sabia nomeá-las. Na ausência desses nomes, acabei acolhendo narrativas sobre mim marcadas pela vergonha.

Na segunda parte deste livro, vamos analisar com mais detalhes os diferentes tipos de dores que vejo com mais frequência no meu consultório. Espero que você descubra algumas de suas próprias pistas nesse processo de nomeação. Mais do que isso, no entanto, espero que se sinta mais bem equipado para investigar a sua própria história, quer a nomeemos neste livro ou não.

Primeiro, um pouco de contexto. Cresci com uma mãe que amava programas de mistério, e eu sempre me pegava assistindo com ela. Acho que as séries de detetive são uma metáfora útil para o tipo de trabalho que faço. Elas são interessantes porque as pistas estão lá, muitas vezes debaixo do nosso nariz, mas irritantemente fora de alcance. Quer dizer, até que Sherlock Holmes (ou qualquer outro detetive da sua preferência) entra na história, juntando as pistas de um jeito que tudo finalmente faz sentido. A pena de escrever, por exemplo, deixada em cima do livro sobre a mesa do escritório, sempre esteve lá, mas não significava nada até que sua importância foi revelada. Assim que a pista é compreendida, ela leva a outra pista, e a outra pista, até que toda a história faça sentido.

Mistério resolvido.

Vamos falar sobre o seu mistério. Uma série de coisas que *aconteceram* ou *estão acontecendo* na sua vida. A questão é por quê. Como isso impactou a sua vida? O que as pistas significam? As evidências estão ali, mas sem contexto, como aquela pena de escrever aleatória em cima de um livro no escritório. Pode ser que não faça sentido para você porque a narrativa só fica clara depois que as pistas são compreendidas.

Uma experiência não nomeada do seu passado pode criar uma narrativa falsa, que conta uma história sobre você que não é verdadeira. Só depois que a experiência dolorosa é corretamente nomeada você pode começar a entender como ela o impactou. Quando você compreende as pistas espalhadas ao longo da sua vida, consegue desvendar o mistério do motivo pelo qual se sente como se sente.

Ou, como uma amiga minha tão bem define, "Nomear uma coisa é conhecê-la".[10]

Quando um cliente chega ao meu consultório e desabafa sobre uma semana muito difícil, despejando todos os assuntos pelo chão, será que os varremos para debaixo do tapete? Não. Juntos, analisamos tudo e nomeamos o que foi difícil. No fim da sessão, o cliente costuma dizer: "Estou me sentindo muito melhor, muito mais leve".

Será que resolvemos sua semana difícil em cinquenta minutos? Infelizmente não. Mas conseguimos nomear com sucesso algumas das partes difíceis.

A classificação e a nomeação que você está aprendendo a fazer não só podem deixar tudo mais claro como podem acalmá-lo.[11] Quando você nomeia o que sente, além de interpretar as pistas da sua vida, aprende a regular suas emoções, acalmando e confortando a si mesmo. Isso ajuda a tranquilizar a amígdala, que é a parte emocional do cérebro.

A frase "nomeie para dominar" foi cunhada pelo psiquiatra Dan Siegel para resumir esse processo.[12] Quando você nomeia um sentimento, a parte do seu cérebro que está nomeando envia mensagens para a parte que sente as emoções fortes e a ajuda a dominá-las. Assim, nomear pode não só ajudá-lo a encontrar o que precisa como pode confortá-lo.

Seu cérebro vendo ursos

Vamos aprender a nomear as coisas juntos nesta seção, mas primeiro aprenderemos um pouco sobre como você é programado e o que fazer quando se sentir consumido por qualquer sentimento que surgir — como a cliente a seguir precisou fazer.

Ela era uma cliente nova, que ligou aflita solicitando terapia. Seu pânico era palpável. Ela estava se sentindo ansiosa no mestrado de um jeito que nunca tinha se sentido antes, e isso era assustador. O que aumentava seu pânico era o medo de "enlouquecer". É assustador se sentir fora de controle. Mas ficou bem menos assustador quando ela aprendeu que seu córtex pré-frontal — a parte do cérebro onde a lógica e a razão estão localizadas — era desativado quando ela ficava ansiosa na universidade, o que ativava a sua resposta de luta ou fuga.[13] Expliquei a ela que essa situação nova, associada com aspectos únicos de sua própria história, tinham derrubado as grades de proteção que controlam o estresse, colocando seu cérebro em estado de emergência.

Assim como faço com muitos dos meus clientes, pedi que ela imaginasse um urso dentro do meu consultório.[14] Nós duas concordamos, que se um urso estivesse mesmo ali, nós duas entraríamos em pânico, lutaríamos, correríamos, paralisaríamos ou tudo ao mesmo tempo. Em seguida, pedi que ela substituísse o urso pela sua situação no mestrado. Ela se sentiu bem menos assustada quando entendeu o que seu cérebro estava tentando fazer: protegê-la do que percebia ser uma ameaça. Imagine, se quiser, um urso-pardo na porta do cômodo em que você está lendo este livro. Grande, perigoso e assustador. Talvez seu coração fique acelerado só de imaginar. Seu cérebro ignoraria toda a lógica e iria direto para a resposta de emergência de luta, fuga ou paralisia. Ele não teria tempo de racionalizar. Todo o seu foco estaria em garantir a sua segurança.

Às vezes nosso cérebro não sabe a diferença entre um urso na porta e um assunto que parece emocionalmente ameaçador. Essa ameaça emocional pode ser um tópico deste livro, uma desavença com seu cunhado, ou uma ligação de sua mãe que está tentando ficar sóbria. Quando o seu cérebro pressente o perigo, ele reage para protegê-lo. O perigo não precisa fazer sentido. Lembre-se: a parte lógica do seu cérebro foi desativada. Sempre que isso acontecer, saiba que ela foi desativada e use ferramentas para reativá-la.[15]

Alguns tópicos que você lê em livros como este, por exemplo, ou lembranças sobre as quais reflete, podem fazer seu cérebro ver ursos. Está tudo bem; é temporário. Vai ser menos assustador se você souber o que está acontecendo. É importante responder a esses momentos parando e cuidando de você. A verdade é que a parte do seu cérebro que é capaz de aprender com um livro, que é o córtex pré-frontal, não está ativa quando você vê ursos. Consequentemente, você não vai conseguir fazer muita coisa se tentar passar por cima da sua ansiedade.

Nesse estado, nosso cérebro fica desintegrado, o que significa que nem todas as partes estão conectadas.[16] É por isso que você não consegue pensar com clareza quando vê um urso, ou qualquer que seja o seu equivalente para o urso. Não só é contraproducente tentar passar por cima da ansiedade como não é uma maneira saudável de cuidar de si mesmo.

Lembra da imagem de descer a rua na sua direção? É isso que eu sugiro fazer. Receba a si mesmo de braços abertos para um abraço apertado. Fique nesse abraço até que se sinta seguro.

Permaneça na sua janela

Como você sabe que o seu cérebro está vendo ursos? Aprendendo a reconhecer os sinais de que está sendo arrancado da sua janela de tolerância.[17] Esse é um termo clínico para um espaço emocional no qual você pode sentir algum estresse mas não é consumido por ele. Permanecemos emocionalmente regulados quando ficamos dentro da nossa janela de tolerância.

Outra forma de pensar a respeito da janela de tolerância é se imaginar correndo na calçada. Você tem algum espaço de deslocamento; pode se mover para a esquerda ou para a direita para evitar obstáculos no seu caminho. Pode tropeçar em uma raiz crescendo por cima do concreto, por exemplo, ou em um desnível na calçada. A situação não é completamente livre de riscos, mas pode ser administrada o suficiente para permitir que você continue seguindo em frente com clareza mental. Agora, imagine sair da calçada e começar a correr em uma rua movimentada. Fica muito mais difícil de administrar, não fica? Ou então se imagine correndo para o outro lado e adentrando uma mata. Também é mais difícil de administrar. Ambas as opções fora da calçada apresentam mais riscos. A sua janela de tolerância é aquilo que você consegue sentir e administrar *enquanto* está na calçada.

Todos nós temos calçadas diferentes, baseadas em nossas histórias e nos mecanismos de enfrentamento que desenvolvemos pelo caminho. A nossa janela de tolerância também varia dependendo do tópico. Por exemplo, você pode ter uma janela grande quando o assunto é administrar o estresse no trabalho, mas uma janela bem mais estreita quando esse estresse acontece em casa. Nossas janelas aumentam à medida que aprendemos novas habilidades de enfrentamento e quando as partes machucadas em nós são curadas.

Assim, você chegou a este ponto do livro com o seu tamanho de janela atual. Eu não seria uma boa guia se não o equipasse para reconhecer quando você é empurrado para fora de seus limites e o ensinasse o que fazer a respeito. Quando você se vê empurrado para fora da sua janela e entra em uma resposta de luta ou fuga, você saberá, porque se sentirá com raiva, irritado, caótico, ansioso, terá pensamentos acelerados, um sentimento de hipervigilância ou inquietação. Esse é um estado de agitação. Ótimo para reagir a um urso, não para ler um livro. Do outro lado da janela, você pode se encontrar em estado de paralisia. Você saberá que está nele quando se sentir sufocado, emocionalmente entorpecido, sem motivação, exausto e até mesmo deprimido. Resumindo, estressado demais para se mover, tanto literalmente quando figurativamente.

Se você se vir fora da sua janela de tolerância, sentindo alguma dessas coisas, é sinal de que deve prestar atenção. *Não* é algo que pode ser ignorado. Faça uma pausa e avalie do que precisa.

Pense nisso como os indicadores no painel do seu carro. Eles apontam o superaquecimento, que o óleo precisa ser trocado, ou que o tanque está com pouco combustível. Para que o carro continue funcionando bem, você precisa honrar esses indicadores.

O mesmo vale para você.

Ferramentas às quais recorrer

A maioria dos locais públicos ostenta um extintor de incêndio ou um desfibrilador atrás de uma caixa de vidro acrílico vermelha, e do lado de fora dela está escrito em letras garrafais: "QUEBRE EM CASO DE EMERGÊNCIA". Existem diferentes versões dessa frase dependendo do local, todas elas anunciando qual é o plano se a situação ficar difícil. Gosto de pensar que as ferramentas de saúde mental também estão guardadas em uma caixa de vidro acrílico, sempre à espera para quando você precisar delas. Ou talvez você precise de um dispositivo com GPS; uma ferramenta para acionar quando se sentir perdido, fora da sua janela. Ou talvez precise de uma âncora que você pode lançar quando se sentir em águas emocionalmente agitadas. É bom ter um plano, algo a que recorrer quando estiver sentindo grandes emoções.

Estes são os meus favoritos:

Pausa: às vezes, o gesto mais simples — e mais sábio — diante de algo que te consome ou desperta um gatilho é justamente parar. Vou dar um exemplo hipotético: imagine que, ao ler este livro, você se depara com algo que te afeta profundamente. Apenas feche-o por um momento. Deixe-o de lado. Retorne a ele quando estiver em companhia de um profissional cuidadoso, de um amigo confiável — ou quando sentir que suas emoções voltaram a um lugar mais tranquilo. Reconheça seus limites. E, mais do que isso, respeite-os.

Ancoragem: ancorar-se é um meio de voltar para o momento presente, usando seus sentidos para reintegrar o seu cérebro. Penso nisso como se conectar com o chão sob seus pés sempre que se sentir tomado por algum sentimento intenso.

Uma técnica que talvez você conheça é: nomeie cinco coisas que vê, quatro coisas que escuta, três coisas que sente, duas coisas das quais sente o cheiro, uma coisa da qual sente o gosto. Faça isso devagar e com intenção. Algumas pessoas acham que se distraem tentando identificar cheiros e gostos. Se for o seu caso, sugiro repetir os três primeiros até que se sinta mais presente. Nomeie o que vê, ouve e sente. Repita.

Você também pode se sentar colocando os pés no chão, encostando na cadeira, sentindo-se enraizado e conectado à terra. Diga onde está e que está a salvo. Quando um cliente precisa se ancorar porque se sente consumido por seus sentimentos, costumo dizer algo como: "Tudo bem, vamos fazer uma pausa. Coloque os pés no chão. Sinta o sofá embaixo de você. Respire fundo. Sinta seu pé no chão". A verdade é que você pode fazer exercícios de ancoragem do jeito que quiser, adaptando-o a qualquer situação.

Respiração: o segredo para respirar de um jeito que o ajude a voltar para a sua janela de tolerância é soltando o ar por mais tempo do que você leva para inspirá-lo.[18] Uma exalação mais longa é a chave. Esse tipo de respiração lenta, principalmente durante a exalação, sinaliza calma para o seu corpo. Tente isto: inspire o ar por quatro segundos, segure por quatro segundos e exale por seis segundos. Outra opção é o "suspiro cíclico" (também conhecido como "suspiro psicológico"), que as pesquisas indicam ser o mais calmante para o corpo.[19] Inspire uma vez, pause, em seguida inspire profundamente pelo nariz para encher os pulmões. Depois solte o ar devagar pela boca entreaberta. Repita.

Exercitar-se: nem todos conseguem praticar exercícios físicos, mas, se você puder, bastam no mínimo vinte minutos de atividade para retornar a um lugar de calma. Isso pode se dar de várias formas, mas considero caminhar a mais útil. Esse movimento diz ao seu cérebro que você sobreviveu com sucesso ao perigo e que o seu corpo agora está em segurança.[20]

Abraçar-se: aprendi sobre a técnica de abraçar a si mesmo em um treinamento com o especialista em terapia somática Peter Levine.[21] Ele demonstra pegando a mão direita e colocando-a debaixo da axila esquerda. Em seguida pegando a mão esquerda e atravessando-a pelo peito, como um cinto de segurança, e apoiando-a sobre o ombro direito. Depois sustente o abraço. Levine ensina que, como parte do trauma, perdemos os limites ao nosso redor. Esse tipo de abraço ajuda você a se sentir contido.

Abraço borboleta: o abraço borboleta é feito cruzando os braços sobre o peito e apoiando cada uma das mãos na parte superior oposta dos braços ou sobre os ombros.[22] Em seguida, dê tapinhas leves em seu braço ou ombros em um ritmo alternado, dando batidinhas devagar de um lado e depois do outro. Você também pode sobrepor as mãos, entrelaçando os polegares para que as mãos fiquem apoiadas sobre o peito, e dar tapinhas alternados também. Isso pode fazer você se sentir ancorado e calmo. Continue dando tapinhas gentilmente, alternando os lados até se sentir mais calmo.

Água gelada: coloque as mãos embaixo da água corrente gelada. Recomendo essa ferramenta para os clientes quando estão lidando com situações que causam ansiedade, mas ela pode ser usada a qualquer momento. Se você se sente consumido em determinado momento, entre no banheiro, abra a torneira e, por alguns momentos, deixe a água cair sobre as suas mãos. Combine isso com uma afirmação que o ancore, dizendo, por exemplo, "Eu estou bem" ou "Eu tenho escolhas e posso cuidar de mim mesmo". Beber água gelada também pode ajudá-lo a voltar para o seu corpo.

Escrever: eu sei, eu reviro os olhos para escrever também. Mas a questão é que ajuda de verdade. Faz diferença porque o lado esquerdo do cérebro tem os sentimentos, enquanto o lado direito tem as palavras. Escrever ajuda a integrar seu cérebro ativando os dois lados.[23]

Conectar-se com uma pessoa que transmita segurança: não há substituto para uma pessoa com a qual nos sentimos seguros. A interação social é o primeiro instinto de sobrevivência quando estamos em perigo.[24] Peça ajuda.

Por que eu inclui isso *por último* na sua caixa de ferramentas? Porque talvez você não tenha alguém com quem se sinta seguro ainda. Mas, se tiver alguém a quem recorrer — e você só precisa de uma pessoa —, por favor faça isso quando se sentir consumido.

Conhecer a si mesmo não é apenas agir como o Sherlock Homes da sua história; é se tornar um estudioso da maneira como você é programado. De tempos em tempos, todos nós somos empurrados para fora da nossa calçada emocional. Felizmente, todos podemos encontrar o nosso caminho de volta para ela.

Leve essas ferramentas com você enquanto continua sua jornada por este livro. Leve-as para o trabalho, para a vida social e, com certeza, para a próxima grande reunião familiar.

CAPÍTULO 6

REDESENHANDO O SEU MAPA INTERIOR

"A sua tarefa não é buscar o amor, mas sim meramente buscar e encontrar todas as barreiras internas que construiu contra ele."

RUMI

CELEBREI COM UMA CLIENTE QUANDO ELA ME CONTOU que tinha não só encontrado sua voz mas também a usado de um jeito novo. Foi emocionante para nós duas. Durante muitos anos, ela havia editado tanto a própria voz que chegou a se perguntar se realmente tinha uma. Reconhecer o som de sua voz agora lhe deu uma sensação de liberdade.

Onde essa voz esteve durante todos aqueles anos?

Ela cresceu em uma casa cheia de raiva volátil. Para evitar ser alvo da raiva de seus pais, aprendeu a ser o mais silenciosa possível. Qualquer estresse que os pais sentiam era culpa dela. Toda vez que ela expressava suas necessidades, os pais viam como se fosse um problema dela, não deles. É compreensível que ela tenha perdido a conexão com a própria voz. E então ela fez o que todos fazemos: pegou o que a ajudou a sobreviver na infância e levou para a vida adulta. A mesma coisa que o casal a seguir fez.

Eu me sentei diante deles em um momento de ternura durante a sessão de terapia de casal. Tínhamos conseguido sair com sucesso de seus ciclos de conflito que escalavam e progredido para um nível mais profundo. Estávamos no lugar onde eles tinham se reconectado o suficiente para conseguir ouvir as histórias um do outro de um jeito novo. Ela tinha dificuldade de se aproximar dele, hesitava em deixá-lo conhecer seus pensamentos e sentimentos, enquanto ele a sufocava com sua carência. Esse padrão se tornou previsível, uma armadilha cíclica da qual não conseguiam sair.

Como será que chegaram a esse ponto?

Juntos, analisamos as pistas de suas histórias. Naquele ambiente de ternura, a esposa compartilha o primeiro. Ela nunca tinha tido alguém com quem pudesse contar, explicou, e, na falta de alguém assim, precisou se tornar extremamente independente. Foi uma força que a ajudou em muitas áreas, mas também tinha se tornado um obstáculo não só entre ela e o marido como também entre ela e todo mundo. Ela tinha dificuldade para confiar nele. Como poderia saber que ele não a deixaria? Com esse medo dominando a sua vida, ela concluiu que o risco de se aproximar era grande demais.

No caso do marido, ele compartilhou que recebeu atenção inconstante na infância. O caos e a imprevisibilidade em sua casa o ensinaram que "quem não chora não mama". Assim, ele aprendeu desde cedo que precisava chorar alto, e com frequência, para receber atenção da mãe. Embora sua mãe tivesse morrido havia muito tempo, esse padrão se tornara tão enraizado que ele continuava tendo dificuldade para falar sobre suas necessidades de maneira adulta.

Esse casal fez o que todos nós fazemos; os dois pegaram o que aprenderam com suas famílias de origem e levaram para seus relacionamentos da fase adulta.

Todos nós temos um lugar de origem, ainda que os detalhes possam ser drasticamente diferentes para cada um. "Família de origem" é um termo terapêutico que indica de onde você veio. A sua família é o primeiro grupo social que você encontra; eles são os primeiros relacionamentos que você estabelece. É a *sua* história de origem. E ela deixa uma marca em você que precisa ser explorada e compreendida para que você possa entender a sua dor. Todos nós temos experiências em nossas primeiras famílias que, quando não são investigadas, nos levam a tirar conclusões tanto sobre nós mesmos quanto sobre nossos relacionamentos com os outros. Essas conclusões, sejam elas verdadeiras ou falsas, delineiam um mapa interior que permanece conosco. A não ser, é claro, que voltemos para corrigi-lo.

Se o seu mapa interior gerou dor, então você precisa redesenhar o mapa que o desviou do curso. Alguns de nós temos mapas que nos desviaram mais do curso do que outros, e o caminho de cada um é diferente. Porém, todos nós precisamos percorrer nossas primeiras experiências para entender o papel que elas tiveram em nos levar até onde estamos. Nenhuma família é perfeita. Algumas famílias são ótimas. Outras, no entanto, são tóxicas. Onde quer que a sua família esteja nesse contínuo, saiba que ninguém chega à idade adulta ileso.

Talvez você esteja se perguntando: *Por onde começo?* Comece com isto: você *não* é a sua família. O impacto dela em você está ligado à sua compreensão sobre quem você é hoje. Mantenha as partes boas do seu mapa no lugar e redesenhe aquelas que não lhe são úteis.

Você foi moldado pela necessidade

Na infância, sabemos por instinto que dependemos de nossos cuidadores para sobreviver.[25] Percebemos que precisamos nos adaptar a nossa situação familiar, seja ela qual for. Essa verdade por si só já determina como você nomeará a dor causada pela sua família. Ter sido moldado pela necessidade permite que você se olhe com compaixão hoje. As crianças sabem, embora não consigam expressar, *que ninguém virá*. Você não escolheu a sua família. Também não escolheu a dor que eles, conscientemente ou inconscientemente, passaram para você. As estratégias de sobrevivência que desenvolveu na infância, embora tenham servido a um propósito, provavelmente agora sirvam apenas para frustrá-lo.

Se você precisou se adaptar para se encaixar, a dor que nomeia vai refletir isso. Se precisou se proteger do abuso de seus irmãos, a dor que nomeia vai refletir isso também. Existe um contínuo de impacto que se baseia na verdade de que todos nós fomos moldados para tornar esse primeiro grupo social o mais tolerável e seguro possível. Você era acolhido quando chorava? Incentivado quando fracassava? Era culpado pelo humor de seu pai?

Portanto, a pergunta não é *se* você foi moldado, e sim *como* e *o quanto* foi moldado. O problema não é você ter chegado à fase adulta com alguma dor, mas sim *quanto* e *o tipo* de dor.

Bessel van der Kolk explica isso bem:

> As crianças têm o instinto biológico de se apegar; elas não têm escolha. Não importa se os pais ou cuidadores são amorosos e atenciosos ou distantes, insensíveis, hostis ou abusivos, as crianças vão desenvolver um estilo de enfrentamento baseado em suas tentativas de conseguir que pelo menos algumas de suas necessidades sejam atendidas.[26]

A pergunta que vai ajudar você a nomear sua dor, então, passa a ser: *As suas necessidades foram atendidas?* Se não foram, o que você precisou fazer para supri-las?

Mas primeiro vamos lidar com um obstáculo comum nessa discussão.

Pode dizer se não estiver tudo bem

Geralmente, quando nomeamos uma dor que envolve relacionamentos familiares, pode parecer falta de lealdade nomear as partes difíceis ou confusas, principalmente quando a narrativa em relação à sua família é a de que você teve uma "infância boa", ainda mais se os seus pais eram admirados pelos outros. Pode parecer falta de lealdade nomear aquilo de que não você não gosta, bem como as formas nas quais isso o impactou. Talvez para você não exista a ilusão de que foi tudo ótimo, mas pode ser considerado uma espécie de desonra para a sua família você conversar sobre isso com outras pessoas.

Você pode reconhecer que a sua família não foi, ou talvez ainda continue não sendo, um lugar emocionalmente seguro para você. Pode reconhecer que um relacionamento, até mesmo aquele que supostamente deveria ser "bom", é doloroso. Isso não faz de você uma pessoa ruim. Você também não precisa transformar alguém em seu inimigo. Isso se chama dizer a verdade.

Por que é tão difícil para nós dizer a verdade? Porque, mesmo que uma coisa familiar seja dolorosa, ainda é tudo o que conhecemos. Costumamos instalar cortinas, decorar paredes e fazer chá em lugares que nos são familiares, mesmo que se pareçam com uma prisão. As crianças não têm escolha; precisam extrair o melhor de suas famílias. Às vezes nós não superamos essa adaptação. Outras vezes, existe a pressão para nunca admitirmos isso.

Reconhecer que alguém é responsável por uma dor em sua vida não significa que você precisa tomar uma atitude drástica. Significa apenas que você está validando aquilo que vivenciou. Se as experiências em sua vida significam algo diferente para você em relação àquilo que lhe disseram que significavam, validar a sua própria experiência pode ser libertador. Você pode dizer a verdade para si mesmo. Isso vai ser benéfico tanto para você quanto para os seus relacionamentos.

Preciso ser clara: você não precisa dizer a verdade para *eles*. Pelo menos, não hoje. Existe um estereótipo sobre a terapia de que, se você admitir que está com raiva do seu pai, precisa escrever uma carta para ele e enviá-la. Ou convocar uma reunião familiar e confrontá-lo. Isso não só está errado como impede que as pessoas sejam honestas consigo mesmas. Esse tipo de pensamento simplista demais parte do pressuposto de que vai ser útil para você fazer isso. O problema é que as pessoas que o machucaram podem não estar seguras o suficiente para que você possa discutir a verdade com elas.

Vejo muitos suspiros de alívio quando digo aos meus clientes que não vou pedir a eles que confrontem seus pais. A pessoa que o machucou precisa ter muita saúde emocional para lidar com um confronto assim sem ficar na defensiva. Essa informação serve apenas para você. E, se você escolher fazer algo com ela no futuro, também será uma decisão sua.

Por que os terapeutas querem saber tudo sobre a sua família?

Por que os terapeutas *sempre* querem saber tudo sobre a sua família?

Porque aprendemos muito sobre quem somos pelo que reflete em nós dos nossos primeiros cuidadores.

Os terapeutas querem saber sobre a sua família não para apontar o dedo, como alguns temem, mas porque repassar a sua história de origem o ajuda não só a se entender hoje como a estabelecer o que é necessário para a mudança.

Não importa qual foi a sua criação, é possível mudar a maneira como você se relaciona consigo e com os outros, desenvolvendo uma narrativa coerente da sua vida. Muitos clientes da terapia carregam dores significativas de suas infâncias. Talvez você carregue também. No entanto, se for capaz de compreender a sua história desvendando-a, você provavelmente vai conseguir desenvolver um tipo de apego seguro com os outros. Assim como seus filhos ou futuros filhos, se você os tiver.

Compreender a sua história requer o que os pesquisadores chamam de uma "narrativa de vida", que molda a maneira como contamos a nossa história para os outros.[27] Segundo o dr. Daniel Siegel, aqueles que são capazes de aprender a desenvolver o apego seguro:

> tendem a reconhecer tanto os aspectos positivos quanto os negativos de suas experiências familiares, e são capazes de demonstrar como essas experiências influenciaram no seu desenvolvimento futuro. Eles souberam fazer um relato coerente de seus passados e de como se tornaram quem são hoje na idade adulta.[28]

Quando o assunto é construir um apego seguro nos relacionamentos, Siegel complementa: "ter experiências difíceis logo cedo na vida importa menos do que encontrar um meio de compreender como essas experiências nos afetaram [...] Compreender é essencial para o nosso bem-estar e a nossa felicidade".[29] Nomear a parte boa e a dor de sua formação acaba sendo parte da solução. Considero esse acesso uma notícia muito boa. É ao nomear que você pavimenta uma nova forma de ser. E quem não quer isso?

Você recebeu o que precisava?

Depois de estabelecer uma conexão com um novo cliente, em determinado momento peço a ele para descrever seus cuidadores. Talvez seja a mãe biológica, talvez o pai adotivo. Talvez seja a avó com quem ele ficava enquanto os pais trabalhavam.

Falamos sobre cada pessoa que cuidou dele e então eu pergunto: "Quem você procurava quando estava sofrendo?".[30] Essa é sempre a pergunta mais reveladora para mim e para os meus clientes. Às vezes a resposta é emocionada e o cliente se lembra de que o pai o escutava no carro. Às vezes é difícil ouvir sobre a falta de apoio: "Bom, ninguém. Eu ia sozinho para o quarto". Ou "minha mãe era tão estressada que eu não podia dizer nada a ela".

Essa discussão rapidamente leva a outras dinâmicas entre você na infância e os cuidadores que teve. "Eles nunca ouviam", "tudo girava em torno do meu irmão", "tínhamos que ser perfeitos", "descobri sobre a traição antes da minha mãe".

Aqui encontramos o epicentro da dor familiar: você recebeu o que precisava? Eles conseguiram ser quem você precisava que fossem?

A verdade é que nenhum de nós pode dar aos nossos filhos tudo de que eles precisam. Somos todos limitados. Somos todos seres humanos. Muitos pais bem-intencionados não conseguem dar aos filhos o que precisam por causa das dificuldades pelas quais *eles* estão passando, que não têm nada a ver com o quanto amam seus filhos — uma depressão, por exemplo, um diagnóstico de câncer, a perda de um emprego, ou a realidade de que precisam trabalhar em dois empregos para sustentar a casa. A lista daquilo que merece a nossa compaixão é infinita.

E ainda assim.

Mesmo que seus cuidadores estivessem fazendo tudo o que podiam, as coisas podem ter sido difíceis para você. Lembre-se: você pode dizer o que foi difícil. Pode ouvir e validar a sua experiência. Então, você *recebeu* o que precisava? Em outras palavras, do que você precisava e eles não puderam te dar? Por fim, qual foi a história que você contou a si mesmo sobre essas necessidades não atendidas?

Você é quem melhor sabe a resposta para essa pergunta. Sabe bem lá no fundo da sua alma, não sabe?

Por isso, pergunto de novo: você recebeu o que precisava? Às vezes? Nunca? Só quando estava na casa da sua avó?

O apego seguro se parece com um pai que é capaz de ser carinhoso, sensível, responsável e confiável. Ele não é perfeito, mas está atento a você e às suas necessidades.[31]

Em contraste, a dor de um apego inseguro acontece quando você não teve alguém atento às suas necessidades. Talvez só tenha tido às vezes, ou apenas com pessoas que não eram da família. Não ter suas necessidades de apego atendidas não só é doloroso como molda a maneira como você se conecta em outros relacionamentos.

Lembra da noção do seu mapa interior? Pense na sua própria experiência de apego como sendo o seu mapa interior. Se o mapa da sua infância não for estudado com cuidado e os lugares nele corretamente nomeados, vai ser mais difícil navegar pela vida adulta. Desde os primeiros e impressionáveis anos, você aprendeu o que esperar (ou o que não esperar), o que acha que merece (ou não) e o que acredita ser possível (ou o que não é).

Carregar esses mapas, enfiados debaixo do braço, sem questioná-los faz com que você os repita, revivendo os padrões com os quais cresceu.

Quer dizer, a menos que você nomeie o mapa.

Separando o quanto você é digno de amor da incapacidade de amar dos outros

Não importa o tipo de dor que você nomeie com relação à sua família, o próximo passo será aprender a separar essa dor da sua identidade. É essencial que nos lembremos de separar o quanto você é digno de ser amado da capacidade (ou da incapacidade) de sua família de amá-lo bem. A incapacidade de amá-lo tem a ver com *eles*, não com você.

Sabemos que as crianças pequenas são egocêntricas por natureza, o que significa que só enxergam do seu ponto de vista, a não ser que lhe digam o contrário.[32] Por não perceberem que a incapacidade de um cuidador de amá-las não é culpa delas, elas com frequência se culpam.

Se não separarmos o quanto somos dignos de amor da incapacidade dos outros de nos amar, podemos carregar narrativas de dor que se assemelham a: "Se eu tivesse ________" ou "Se eu fosse mais ______________ eles me amariam".

Não há nada que você pudesse ter feito na infância para melhorar o modo como eles o amavam. Por quê? Porque a relação entre pai e filho não é de igualdade. Quando uma pessoa é o adulto e a outra a criança, a responsabilidade pelo relacionamento é do adulto. Por isso, mesmo que tenha compaixão, perdoe e entenda por que eles falharam com você da maneira como falharam, a responsabilidade recai sobre os ombros deles, *não sobre os seus*. Entender isso interrompe essa segunda narrativa dolorosa de desejar ser diferente para que o relacionamento deles com você fosse diferente.

Este é um bom momento para dar as costas para o amor que você não recebeu e se voltar para o amor que tem para dar. Desça a rua até você. Abra os braços e abrace a criancinha que já foi. Redesenhar o seu mapa interior nada mais é do que o trabalho de entender o antigo para enfim traçar um novo rumo.

CAPÍTULO 7

DO QUE CHAMARAM VOCÊ?

"Qualquer coisa ou pessoa que não lhe preencha de vida é pequena demais para você."

DAVID WHITE

QUANDO EU ERA CRIANÇA, TINHA UMA SOBREMORDIDA EXAGERADA, um legado da época em que chupava o dedo. Meus dentes superiores da frente se projetavam consideravelmente até eu usar aparelho. Eu era ridicularizada por "parecer um macaco". Ainda sinto meu rosto ficando quente no laboratório de informática quando ouvi um garoto proferindo esse insulto na minha direção. As palavras maldosas dos outros podem perdurar. Durante anos, mesmo depois que meus dentes foram consertados, eu ainda cobria a boca por reflexo enquanto estava na sala de aula.

Felizmente, a maioria das crianças supera as crueldades do ensino fundamental. Mas nem todas. Quem faz bullying continua fazendo, embora mantenha essa parte de si mesmo escondida até que seja necessária. Como um agente com quem me encontrei há alguns anos para conversar sobre a divulgação do meu trabalho. Quando pedi um tempo para decidir se queria trabalhar com ele, ouvi que eu não era profissional. Ele, então, partiu para tentar me envergonhar e zombar de mim por e-mail. Por quê? Porque não conseguiu o que queria. Fiquei sem reação.

A linguagem dele era dominadora, degradante e manipuladora. Meu marido, que estava sentado ao meu lado, ficou chocado e furioso com o linguajar do homem. "Não vale a pena responder." Hoje eu *sei* que o homem estava errado, que era *ele* que não estava sendo profissional. Mesmo assim, por incrível que pareça, eu me inclinei por um minuto para ler os nomes dos quais ele me chamava. A cada linha meu peito ficava mais apertado.

Você já se pegou fazendo isso? A sua cunhada chama você de egoísta por estabelecer um limite. Quando você oferece um feedback para um colega de trabalho, ele sai resmungando pelo escritório que é difícil trabalhar com você. E a sua amiga, você sabe qual, aquela que nunca liga, diz que você é uma péssima amiga quando você finalmente para de fazer todo o trabalho sozinha. Você pode saber que está com a razão, mas ainda assim escuta, mesmo sentindo seu peito ficar apertado. Por quê?

Porque essas palavras negativas confirmam, mesmo que só por um minuto, uma falsa narrativa ou algum medo que você tem.

Nunca foi fácil para você estabelecer limites. Você precisou reunir toda a força que tinha para dizer à sua cunhada que não podia comparecer ao jantar que ela organizou. Ela chamou você de egoísta por estabelecer esse limite. *Será que ela está certa?*, você se perguntou. No trabalho, você tinha receio de passar do ponto e por isso precisou de toda a sua coragem para dar um feedback. *Será que é verdade o que o seu colega disse pelas suas costas?* Você sempre quis ser uma boa amiga e tinha a tendência de escolher amizades nas quais *você* fazia a maior parte do trabalho, um legado da infância que passou tentando agradar os outros. Você finalmente parou de se esforçar demais nesse relacionamento, e isso é uma mudança significativa do seu padrão. *Será que isso faz de você uma amiga ruim agora?*

A confirmação de uma palavra negativa depende de um medo preexistente que você carrega. Embora seja um medo infundado, ainda assim dói.

O anzol

Os insultos daquele agente encontraram uma pequena brecha em uma narrativa antiga minha. Eu temia não ser boa o bastante para o trabalho que gostaria de fazer, e que ele, com seus contatos, conseguisse me expulsar da ilha metafórica dos terapeutas/autores. O que chamou minha atenção não foi a credibilidade das alegações dele, e sim a minha falta de confiança. Eu não ouvi porque achei que ele estava certo. Ouvi porque, subconscientemente, temia ser expulsa da ilha. *Talvez eu não seja boa o bastante para estar lá.* Por um momento, fiquei com medo de que aquele homem raivoso com traços narcisistas de algum modo tivesse o poder de votar para que eu fosse expulsa. Fui fisgada não pela veracidade de suas palavras mas pela vulnerabilidade de meus gatilhos.

Às vezes é o anzol que atinge você, não o nome. Quando se pegar dando ouvidos a um insulto apesar de saber que não deveria, saiba que talvez tenha mordido a isca.

Um anzol, também conhecido como gancho, é "um atrativo ou esquema de marketing".[33] As pessoas costumam definir o gancho como a parte de um livro que prende a sua atenção. Um anzol também é usado para pegar coisas. Ele foi feito para fisgar. Os nomes dos quais você é chamado às vezes vêm com anzóis atrelados. Eles se engancham no medo que você carrega. Quanto mais específico o anzol for com relação ao seu medo, mais atenção você prestará nele. E, quanto mais enganchado ele ficar, mais provável é que você seja fisgado.

Os meios pelos quais tentamos nos libertar geralmente são ineficazes. "Quem liga para o que os outros pensam?" é um mantra popular hoje em dia e costuma ser um modelo usado para lidar com esses insultos. Isso não é realista. Tentamos dizer "quem liga", mas a maioria de nós sabe, bem lá no fundo, que isso não funciona.[34] E o motivo pelo qual não conseguimos simplesmente deixar para lá não é porque nos preocupamos demais com o que os outros pensam; é porque fomos fisgados. O anzol engancha em qualquer narrativa ofensiva que esteja ativa ou não resolvida. A dor dos insultos nesse cenário não tem a ver com o que é dito, mas sim com o medo que eles ativam.

Uma parte do que ajudou a me libertar foi identificar como minhas narrativas antigas e ofensivas tinham sido ativadas e verbalizar o que estava sentindo. Eu estava criando toda uma história sobre a pior coisa que poderia acontecer; um medo ilógico de que aquele homem grosseiro pudesse provocar minha expulsão da ilha. Não tinha nada a ver com as coisas das quais ele me chamou. Dizer isso em voz alta me ajudou a ouvir que o meu medo era ridículo. Respondi o e-mail com um resumo preciso do comportamento *dele* e me libertei.

O que nos ajuda a escapar dessa dor não é eliminar o anzol; é nomear os lugares nos quais ele se engancha. É identificar em voz alta a falsa crença que ele fisgou. À medida que você constata as coisas ofensivas que lhe foram ditas, avalie se algumas delas contêm anzóis. Constatar a dor não é apenas se lembrar do insulto, é levar luz para o lugar fígado por ela.

Quais são os nomes e os anzóis dos quais *você* se lembra?

A adesão do choque

Quando minha filha estava no primeiro ano do ensino fundamental, uma garotinha apontou para as pernas dela e disse "Grandes". Ficou claro pelo tom de voz dela que aquilo não era uma coisa boa. Era algo novo para minha filha, e, durante um tempo, "grandes" ficou com ela. Felizmente, isso não se tornou algo que ela não gostava em seu corpo, mas acabou levantando uma pergunta: *Será que é verdade?* Naquele momento, ela perdeu a inocência que tinha sobre suas pernas. Os xingamentos podem ter adesão porque uma parte da nossa inocência é destruída. Em nossa casa, a principal incubadora dela até aquele momento, nunca tínhamos falado sobre o tamanho das partes do corpo. A novidade do comentário daquela menina prendeu a atenção dela, e o choque disso foi o que fez o comentário ter adesão.

Um comentário crítico pode ter adesão quando nos pega de surpresa, modificando a maneira como nos enxergamos. Quando acontece e não sabemos o que fazer com isso, nos perguntamos, talvez pela primeira vez: *Será que eles sabem algo que eu não sei? Será que fui ingênuo durante todo esse tempo em relação a uma realidade que todo mundo acredita sobre mim?*

Isso acontece o tempo todo na internet. Alguém que não o conhece lança um comentário sobre você e o choque disso, como um balde de água fria, faz você reparar e considerar o comentário. Em uma *live* de discussão que fiz no Instagram com outra autora, uma pessoa desconhecida entrou nos comentários e escreveu "A Monica só fala m****". O comentário ficou ali, literalmente escrito sobre o meu rosto na tela. Já fui chamada de várias coisas e ouvi outras tantas, mas ler que eu "só falava m****" me pegou de surpresa. Fiquei morta de vergonha. Meu rosto ficou vermelho e meu estômago revirou. A novidade disso foi em parte o que me pegou. Foi tão inesperado que, ironicamente, eu dei ouvidos.

Identificar o choque, o que ele alterou na maneira como você enxerga o mundo e a si mesmo, ainda que seja que temporariamente, faz parte do processo de se libertar também. Enquanto permanecemos com a malícia daquilo de que fomos chamados, será de grande ajuda entender que é possível que estejamos confundindo a novidade do ataque com o conhecimento. Mas novidade não é conhecimento. E a dor infligida a você, na verdade, tem tudo a ver com quem disse aquilo e nada a ver com você.

Ódio e xingamentos

No ensino fundamental, um menino me chamou de "mestiça", uma ofensa racial que fazia referência à minha ascendência hispano-americana. Eu estava ao lado de outro estudante, um menino com a pele mais escura que a minha, e, depois que aquele colega despejou esse insulto em mim, ele despejou algo parecido no garoto ao meu lado. Isso me fez sentir vergonha perante meus colegas de sala. No entanto, com a minha pele branca e os privilégios que ela me proporciona, eu soube, embora não fosse capaz de articular, que aquela ofensa racial era mais perigosa para o menino que estava ao meu lado. Instintivamente, eu soube que aqueles xingamentos poderiam estar sinalizando que mais ódio e riscos estariam reservados para ele. Ele provavelmente seria alvo de discriminação, e eu não. Ele correria riscos e eu não. Os xingamentos não eram a mesma coisa. Compartilho essa história para evidenciar essa distinção. Na época eu não tinha as palavras certas para explicar que ser branca me protegeu de ser alvo de muito ódio na sociedade. Mas agora eu tenho.

Nem todos os xingamentos são iguais. Eles podem ser realmente perigosos, e é importante enfatizar isso. Os xingamentos podem representar ou incentivar a violência. Podem carregar o ódio e as injustiças que muitos enfrentam diariamente. Essas palavras tentam abalar o nosso direito de sermos tratados com respeito; ameaçam a nossa segurança em determinado momento, em determinado grupo, em uma sala de aula, em um escritório ou o nosso lugar na sociedade. Os xingamentos frequentemente são usados para negar a dignidade que merecemos e nos rotular como "o outro" ou nos isolar. A intenção é diminuir, abusar, oprimir, separar ou causar dor. Palavras cheias de ódio, racismo, homofobia, transfobia, capacitismo, misoginia, entre outros, carregam um peso histórico de geração em geração. Elas arrastam consigo anos de injustiça e violência. Xingar alguém com uma palavra de ódio, seja na internet ou pessoalmente, é perigoso. Há também o perigo que resulta de *não* combater isso. À medida que você revê suas próprias experiências com essa forma de bullying, os maiores culpados socialmente também devem ser chamados à responsabilidade.

Do que chamaram você?

Revisitar esses lugares é doloroso. Os xingamentos ferem o tecido da nossa identidade; tentam diminuir o nosso valor. Podem enganchar no medo ou chocar para que você acabe prestando atenção. Também podem estar cheios de ódio. À medida que você for refletindo sobre os nomes dos quais já lhe chamaram, quero deixar aqui uma imagem; uma imagem que espero seja encorajadora e reconfortante enquanto você faz esse trabalho pesado.

Você está descendo a rua na sua direção novamente. A diferença é que desta vez está rodeado não por vizinhos que não conseguem confortá-lo, mas por pessoas que lhe chamaram de coisas terríveis. Você limpa as mãos na calça, tira o cabelo do rosto e caminha em direção à multidão. O seu andar se torna um trote, depois uma corrida. Você abre caminho pelo grupo e encontra a sua versão magoada no centro, andando em círculos, ouvindo os insultos. Sem perder tempo, você pega aquela sua versão no colo e abre caminho novamente para sair do círculo, tão focado nessa tarefa que nem olha para trás. Você sussurra confiante enquanto abre caminho: "Isso nunca teve nada a ver com você. Sempre foi sobre *eles*".

Você termina de subir a rua, exausto, mas aliviado. A sua versão magoada olha para trás. O grupo, em meio ao barulho de suas mágoas, se virou contra si mesmo, ainda lançando insultos! Você está do lado de fora agora, impressionado ao perceber que eles nem notaram que você não está mais ali. É nesse momento que você se dá conta. Os nomes ofensivos nunca foram sobre *você*. Eles nem mesmo começaram com você. As palavras ofensivas lançadas e ainda usadas continuarão ali, não importa se você estará ali ou não, porque os xingamentos sempre têm a ver com o coração de quem está dizendo as coisas ofensivas, e não com o alvo delas.

CAPÍTULO 8

SERÁ QUE É UM TRAUMA?

"Se quisermos entender o carvalho, precisamos voltar à bolota."

OPRAH WINFREY

COMO VOCÊ SE SENTE QUANDO LÊ A PALAVRA *TRAUMA*? Você concorda com a cabeça, reconhecendo o trauma em sua história? Ou não tem certeza sobre o que qualifica um trauma? Você rejeita a palavra, certo de que sua dor não se qualifica como um trauma "de verdade"?

O trauma é mais comum do que imaginamos.[35] Embora ultimamente tenha se tornado um termo da moda, continua sendo, de certa forma, um mistério, porque o nosso entendimento sobre o assunto é limitado. Trauma é uma palavra usada em excesso, mas isso nem sempre se traduz em uma compreensão efetiva. Na verdade, usamos essa palavra com tanta frequência hoje em dia que, em muitos casos, ela perdeu o significado. Consequentemente, corremos o risco de perder a compreensão sobre nós mesmos também. Não importa se a sua história carrega algum trauma ou não; compreender essa dor o ajudará a entender mais a si mesmo e o mundo ao redor.

Então, vamos dar um passo atrás antes de pegar partes da nossa história e perguntar: *Será que é trauma?*

Vamos revisitar a sugestão para ser o Sherlock Holmes da sua vida. Você se lembra das pistas? A pena de escrever sobre o livro que está em cima da mesa do escritório. Considerando que podem significar mais do que aparentam, todas as pistas precisam ser avaliadas. Olhe ao redor do cômodo. Há algo que você não notou antes: um novelo de lã emaranhado sobre a cadeira ao lado da mesa. *Por que você está emaranhado?*, você se pergunta.

Você precisa desfazer o emaranhado para entender.

Comece por isso.

Ainda que as pistas aparentem não ter relação nenhuma entre si, ou pareçam ser um embolado confuso cheio de nós, elas podem estar conectadas. Digamos que as pistas em sua vida sejam: insônia, depressão, dor crônica e fadiga. Ou talvez vícios. Talvez até mesmo ataques de pânico e vergonha. Isso tudo parece desconectado, não parece?

Você pode vivenciar uma hipervigilância diária, sentindo-se sempre alerta, com dificuldade para relaxar. Pode ser uma falta de limites importantes. Possivelmente uma leve ansiedade. Certamente esses sintomas podem ter outras origens, mas os traumas talvez estejam sendo ignorados em nossa investigação. Coletivamente ou individualmente, esses sintomas podem ser resquícios de traumas não resolvidos.[36]

Os sintomas permanecem porque as mensagens que seu corpo estava enviando sobre o trauma não foram atendidas. Por quê? Porque você não sabia o que estava acontecendo, do que precisava, ou não tinha acesso à ajuda de que necessitava. Para sobreviver a experiências traumáticas, você provavelmente se desconectou de si mesmo. Suas experiências podem tê-lo isolado dos outros também. O especialista em trauma e escritor Peter Levine resume bem:

> Quando nosso corpo sente o desconforto, ele nos envia mensagens. O objetivo dessas mensagens é nos informar que algo dentro de nós não parece certo e exigir nossa atenção. Se essas mensagens ficam sem resposta, com o tempo elas se transformam em sintomas de trauma.[37]

Você só pode responder corretamente à mensagem do seu corpo quando entende o que ela está lhe dizendo. Isso também acontece com o trauma não nomeado. Respondemos às mensagens que se tornaram sintomas voltando ao início. Sintomas que não estão se resolvendo podem ter uma origem que você não considerou ainda.

O maior mistério que muitos vão descobrir em suas histórias é que o que vivenciaram foi, de fato, um trauma. No entanto, essa não é uma caça ao tesouro que pode ser feita sem acompanhamento. Não estou sugerindo que procure por coisas de que não tem conhecimento. O que *estou* sugerindo é que você geralmente não sabe que o que vivenciou pode ser classificado como trauma, permitindo que as pistas permaneçam sem solução e que você não receba o cuidado de que precisa. Você precisa ter o nome certo para encontrar o cuidado certo.

O que configura um trauma?

No meu trabalho com clientes que estão se curando de traumas, podemos começar identificando a sua falta de consciência de que o que viveram em suas vidas se qualifica como trauma. Consequentemente, algumas das dificuldades que enfrentam estão conectadas àquele trauma. Vamos começar nossa investigação perguntando: *O que é um trauma?*

O trauma é um espectro amplo de experiências que funcionam como gatilhos para diversas respostas no corpo. Estresse e trauma existem em um contínuo. O trauma é uma versão mais extrema do estresse no corpo, quando algo é percebido como ameaça. O modo como cada um de nós responde a um estressor será único, baseado em nossas experiências de vida, nas narrativas que se sobrepõem a ele e na nossa genética.[38] A terapeuta e pesquisadora Hillary McBride explica:

> um evento estressor se torna um trauma quando nos sentimos consumidos e impotentes. *Trauma* é uma palavra grega que significa "ferida". Na comunidade terapêutica, trauma é definido como a maneira como uma pessoa vivencia um evento, não como o evento em si.[39]

O trauma não é o evento traumático, *é a resposta do seu corpo a ele*. Assim, uma pessoa pode vivenciar um trauma que outra não vivenciou. É perda de tempo discutir o tamanho, o tipo ou a validade de um evento como traumático ou não, *pois definir se foi ou não um trauma depende da resposta do seu corpo a esse evento.*

Existem muitas definições de trauma, mas o consenso geral é que o trauma é algo que compromete a nossa capacidade de lidar com a experiência naquele momento. É algo que sequestra a nossa atitude. Costumo pensar nisso como sendo algo que é muito grande, muito difícil ou muito confuso para os circuitos aos quais você está conectado. Às vezes é uma experiência crônica. Outras vezes, é um evento.

Quando meu filho sofreu uma concussão grave, o médico comparou o trauma físico com um raio atingindo uma casa. Foi muito forte e o corpo dele precisou reagir ao impacto. Com tanta eletricidade correndo pelos circuitos, a fiação precisou se adaptar rápido para sobreviver, ativando a resposta luta/fuga/paralisia, do contrário a casa inteira pegaria fogo. Se ele não fosse tratado do jeito certo, essas respostas poderiam continuar durante muito tempo após a queda do raio.

No caso da concussão do meu filho, fomos instruídos a mantê-lo em um quarto escuro sem nenhum tipo de estímulo, durante dias, até que os sintomas desaparecessem. Tivemos o luxo não só de saber o que tinha acontecido como de saber que tipo de cuidado oferecer a ele. Mas e se não fosse esse o caso? Aquelas mensagens de impacto traumático no cérebro dele causariam mais sintomas depois. Poderiam se tornar sintomas de concussão de longo prazo como tontura, ansiedade, dores de cabeça e dificuldade de concentração.

Sem esse conhecimento, poderia ter se tornado uma situação de "correr atrás do rabo" na qual ficaríamos investigando cada sintoma, sem perceber que a origem poderia ser traçada de volta à concussão. Esse trauma físico mostra o que pode acontecer com um trauma não nomeado em nossas vidas. Tentamos resolver um sintoma aleatório persistente, ou vários sintomas, enquanto ignoramos a história de origem de todos eles. A maioria de nós não tem uma história precisa como a concussão do meu filho. Em vez disso, nos sentimos mais como aquele novelo de lã emaranhado.

Se você se sente assim, o que pode fazer?

Com paciência, você desembola a sua história e aprende mais sobre como nomear suas experiências.

Talvez você esteja familiarizado com a linguagem "trauma com T maiúsculo" e "trauma com t minúsculo". Trauma com T maiúsculo se refere àquelas coisas que costumamos associar com o trauma: violações do corpo de alguém; guerra; desastres naturais; abusos emocionais, físicos e sexuais graves; qualquer tipo de violência; doenças ou acidentes que colocam a vida em risco. Trauma com t minúsculo é usado para se referir àquilo que não envolve violência ou desastres, mas que mesmo assim tem um impacto significativo. Por exemplo, coisas como crescer em uma família envolvida em grandes conflitos; negligência emocional; críticas ou humilhações frequentes; a perda de um familiar; sofrer bullying; procedimentos médicos; pequenos acidentes automotivos; ou insegurança alimentar.[40] Não é que essas experiências sejam pequenas, mas seu impacto é subestimado. Gosto de pensar no trauma como um contínuo entre os dois "t". A sua experiência, digamos, com racismo, negligência ou abuso verbal pode se enquadrar em algum lugar desse contínuo.

Esta é a principal coisa para ter em mente: os traumas ao longo do contínuo podem ter o mesmo impacto em alguém. Qualquer tipo de trauma afeta a forma como nosso corpo e cérebro respondem, não importa qual seja a gravidade atribuída a eles. A acumulação daquilo a que as pessoas se referem como pequenos traumas com t minúsculo pode ao longo do tempo se tornar tão significativa quanto os Traumas com T maiúsculo. O terapeuta e escritor Aundi Kolber descreve brilhantemente o Trauma como uma facada profunda: obviamente você precisará ser levado para o pronto-socorro. Já os pequenos traumas acumulados podem ser mais parecidos com cortes de papel. Um corte de papel não faz muito estrago. Mas milhares de cortes de papel não tratados? Isso pode causar uma infecção e fazer você precisar ir ao pronto-socorro da mesma forma que a facada.[41]

Enquanto você reflete sobre essas definições expandidas de trauma, quais são as pistas na sua vida atual que lhe despertam mais curiosidade? Existem nós no seu novelo de lã que podem estar relacionados a um trauma? Como você desembola a sua história e conquista maior entendimento sobre si mesmo?

Trauma e cérebro

O que acontece se a nossa história for impactada pelo trauma? Isso pode mudar a configuração do cérebro, outro motivo pelo qual é essencial identificar o trauma corretamente.

O pesquisador e médico Bruce Perry afirma que ninguém retorna exatamente à mesma forma depois de um trauma. Isso não quer dizer que não existe a possibilidade de cura e resiliência. O que significa, no entanto, é que isso vai assumir uma nova forma. Ele descreve a noção antiga de resiliência que tínhamos como uma bola de futebol americano de espuma. Você a aperta e ela volta ao seu formato anterior. Essa é uma interpretação incorreta de resiliência após um trauma. Em vez disso, ele a compara com um cabide de arame. Se você desfaz o formato do cabide, pode retorná-lo a esse formato, mas ele nunca ficará exatamente como era.[42]

Você simplesmente não "volta ao normal" depois de um trauma. Você precisa encontrar um novo normal para que possa se curar. Quando as pessoas entendem isso, é menos provável que esperem uma "recuperação" não realista. Elas começam a ajustar melhor suas expectativas, colocando menos pressão no processo de cura, e aprendem a cuidar de si mesmas de maneira mais efetiva.

O que você pode esperar quando for lidar com a sua própria experiência traumática?

Embora os caminhos neurais antigos em seu cérebro tenham sido construídos por traumas passados, novos caminhos neurais podem ser criados para além deles. Sobre a prática de terapia do trauma, o dr. Perry escreve:

> a terapia tem mais a ver com construir novas associações, criando novos padrões de caminhos mais saudáveis. É quase como se a terapia fizesse o equivalente a pegar uma rua de terra com duas vias e construir uma rodovia de quatro pistas ao lado dela. A rua antiga permanece, mas você praticamente não a utiliza mais.[43]

As novas ruas que você constrói — novas associações, novos modos de sentir e se manter seguro, mais limites, reconectando-se consigo mesmo — respondem com convites para a cura aos pedidos de ajuda que o seu corpo estava enviando.

Desembolando a sua história

Vamos voltar ao escritório e olhar novamente para o novelo de lã: a ponta está com um nó. Existem nós ao longo de todo o novelo. Pode parecer complicado demais para desembolar. Mas um novelo não se embola sozinho, sem alguém para puxá-lo. Se a lã não for puxada cuidadosamente do novelo, ela pode facilmente se embolar. As nossas vidas e desenvolvimentos também requerem um cuidado atento, porém às vezes os traumas (um único acidente ou uma série crônica) interrompem isso. Muitas vidas não são cuidadas com tanta intencionalidade, e em vez disso encontram cuidadores que não estão muito bem para fazê-lo. Muitas vidas são tratadas como uma linha sendo arrancada do novelo. Os traumas causam grandes dores que resultam em algo que se parece com vários nós embolados. Traumas não nomeados podem nos fazer sentir embolados de um jeito que não queríamos e nem escolhemos.

E se o novelo puder ser desembolado, pedaço por pedaço? Esse processo revelaria a história de como os nós aconteceram. Ele revelaria por que a lã continua se embolando. Desembolá-lo até o começo revela o que aconteceu e, consequentemente, dá à lã outra chance para se enrolar de um jeito que crie menos nós. Quando você desembola a história do seu passado, descobre os significados das pistas que enxerga hoje. Você as nomeia corretamente e começa a entender o que precisa fazer para desfazer os nós.

Nomear a dor de um trauma não é um fim, *é um convite*. Você não pode desfazer o que viveu, mas *pode* entender e cuidar disso. Talvez você se veja como um novelo de lã embolado, cheio de emaranhados e nós que não fazem sentido para você, que o deixam frustrado e causam mais sofrimento. Talvez tenha se culpado pelo emaranhado de nós no qual se encontra. O que funciona melhor é pegar o novelo de lã com amor, compaixão e curiosidade. Essa é a forma de se reconectar consigo mesmo. No coração do trauma está a desconexão criada dentro de nós e com os outros. Esse passo, embora pequeno, vai começar a mudar a sua história.

Desembolar a sua história é um processo. Onde os emaranhados apareceram? E quando? O que causou os nós? Existem experiências que nunca foram propriamente nomeadas? Seria possível que os emaranhados façam mais sentido do que você imaginou? As respostas para essas perguntas levarão à resposta para uma pergunta mais importante: *Será que é trauma?*

Se a sua percepção mudou durante este capítulo e você descobriu que tem traumas significativos em sua história, o convite deve incluir o acompanhamento de um terapeuta profissional. A terapia não vai desfazer o trauma do passado, mas pode ajudá-lo a construir novas rodovias para que você possa navegar. Ao longo do caminho você pode encontrar uma nova compreensão para a sua vida, bem como renovar sua esperança para a jornada diante de você. (Para mais informações, consulte meu site monicadicristina.com, conteúdo em inglês, ou no final deste livro).

Observações sobre trauma: costuma-se dizer que você nunca sabe quais são as batalhas que alguém está enfrentando. A essa verdade eu gostaria de acrescentar alguns pensamentos meus.

Você também nunca sabe o quanto alguém está sendo corajoso em silêncio. Às vezes as coisas mais corajosas que você está fazendo passam desapercebidas.

É corajoso desembolar a sua história.

É corajoso aprender a nomear suas dores e aquilo de que você precisa.

Será preciso coragem para desembolar, desenrolar e rebobinar a sua história.

Talvez você também precise da ajuda de um aliado.

As mensagens que podem ter se transformado em sintomas também podem ser convites de cura para você.

CAPÍTULO 9

A SOLIDÃO DO LUTO

"Permaneci com minha dor tempo suficiente
para que ela me dissesse que seu nome era luto."

C. S. LEWIS

EM SEU LIVRO *A ANATOMIA DE UM LUTO*, C. S. LEWIS DESCREVE a perda de sua esposa: "A ausência dela é como o céu; está em todos os lugares".[44]

Para muitos que estão vivenciando o luto, ele é assim, como o céu, cobrindo tudo. Mas os dias continuam. A caminho do consultório, o sol aparece de novo. É um novo dia e uma nova sessão com o luto. Ando pelo corredor para encontrar meus clientes. A perda que viveram é recente, visceral, insuportável. Eles estão sem palavras. Eu os cumprimento com a voz baixa. Eles acenam com a cabeça, tentando um sorriso, enquanto eu sinalizo para que entrem no consultório.

Eu me sento com eles em seus lutos, em suas lágrimas. Nada mais pode ser feito nesse momento.

Henri Nouwen escreveu isto sobre um momento assim: "Aprender a chorar, aprender a fazer vigília, aprender a esperar pelo amanhecer. Talvez seja esse o significado de ser humano".[45]

O amanhecer chega. O sol nasce outra vez, outra sessão. Sentamos juntos. De novo. E de novo. Eu não diria a você como é amar alguém, então não direi a você como é perder alguém. Eu tenho respeito pelo luto e por aqueles que o carregam. Não posso descrever como é perder alguém insubstituível, mas já me sentei com clientes em luto por seus cônjuges, irmãos, bebês, filhos. Já me sentei com aqueles em luto por perdas às quais não tinham certeza de que sobreviveriam, que *conseguiriam* sobreviver. No entanto, posso lhe dizer isto: a dor deles é palpável.

Será que eu os ajudo a sair disso?

Não. Aprendi a honrar seus lutos fazendo o mesmo que *eles*.

O luto é uma dor que não podemos resolver. Em vez disso, nós o honramos nomeando-o e cuidando dele. Não vou tentar descrever o que você sente depois da perda devastadora de um ente querido que nunca poderá ser substituído. Como eu poderia descrever o céu inteiro para você; cinza, baixo e se estendendo de um horizonte em sua vida até o outro? O seu luto não tem pistas a serem encontradas. A presença dele é inegável. Ela não se anuncia em cada canto vazio. Não há necessidade de interpretação.

Os primos desse luto, no entanto, são diferentes e sutis, e são eles que frequentemente ignoramos, mas exigem uma investigação nossa. Eles estão sobre a mesa, mas estão sendo chamados de outra coisa.

O luto não se limita às formas tradicionais e, muitas vezes, simplistas ao extremo com as quais o definimos. Com frequência, me vejo dizendo para um cliente que está descrevendo uma dor complexa: "Acho que o que você está descrevendo é luto". Às vezes eles ficam surpresos; geralmente ficam aliviados.

Frequentemente, nós nos abandonamos no banco do luto. O espaço no banco marca a perda, mas também marca o espaço que deveríamos estar preenchendo com solidariedade. Espero que este capítulo o ajude a nomear lutos que talvez o surpreendam, iluminando a solidão que geralmente os acompanha. Nesse processo, espero que você se sinta menos sozinho.

A solidão

Da minha posição como terapeuta, vejo muitas pessoas solitárias. Mas a minha experiência anedótica não é isolada. Ela é corroborada por pesquisas. No ano em que escrevo este livro, o Ministro da Saúde dos Estados Unidos divulgou um relatório alarmante: a solidão é uma crise de saúde pública de proporções epidêmicas.[46]

Escuto enquanto um jovem casal vive o luto de não mais conseguir conversar com os pais sem que a conversa se torne uma discussão sobre teorias da conspiração.

— Nós éramos próximos — dizem. E eu consigo ouvir a tristeza em suas palavras. Muitos perderam amigos, comunidades e relacionamentos por causa da polarização que ocorreu em suas comunidades nos últimos anos.

Uma mulher relata que a família não sabe o que fazer a respeito do seu divórcio:

— É como se eles não conseguissem lidar com isso. — E há solidão em sua voz enquanto ela fala.

As pessoas estão solitárias porque estão passando por algo que ninguém ao redor delas consegue compreender: um divórcio, a perda de um filho, uma doença séria. Elas estão solitárias talvez porque se mudaram para uma cidade nova, ou saíram de um grupo bastante unido. De repente, não há ninguém por perto. Uma jovem vive o luto pela comunidade da igreja que ela perdeu quando suas crenças evoluíram:

— Eu não podia continuar lá — lamenta —, mas ainda sinto falta deles, de alguns deles, pelo menos. Dói saber que ninguém me procurou para perguntar por que eu saí.

A solidão pode ser parecida com uma dor surda. Mas pode ter uma fase aguda também, que perfura com força, como quando você procura alguém — alguém que achou que fosse um amigo — e não obtém resposta.

A solidão em si é um luto. E, quando os solitários ficam de luto pela sua solidão, pode parecer que estão carregando uma verdade sobre o mundo que as pessoas têm medo de discutir, da qual têm medo até de chegar perto.

Talvez eu esteja descrevendo o luto não nomeado que você carrega, que parece profundo demais para ser colocado em palavras. Eu não quero que você fique sozinho nisso. Juntos, podemos encontrar as palavras e nomear esse luto.

Alergia ao luto

Quando se é alérgico a algo, você tenta evitá-lo. Faz o que precisa fazer para se proteger de chegar perto demais do agente de gatilho.

Vivemos em uma sociedade que é alérgica ao luto.

Lewis escreveu suas observações sobre luto usando um pseudônimo. Foi só depois da morte dele que seu nome foi atribuído ao livro. Embora ninguém saiba ao certo, alguns questionam se ele não fez isso porque temia que fosse um assunto pesado demais para seus leitores fiéis. Independentemente da resposta, a pergunta aponta para a nossa relação com o luto e para o fato de que tentamos suavizá-lo. Vivemos em um mundo que trata o luto não filtrado como algo pesado demais; um grande desafio às ideias sobre Deus; com muitas questões não resolvidas; uma exploração bruta da dor; honesto demais.

Lewis sabia o que muitos sabem: nós não lidamos bem com o luto.

O sol nasceu. Um novo dia, uma nova sessão. Um cliente chegou ao consultório para a sua sessão semanal. Nós nos sentamos no banco do luto de novo, juntos. Fazia cerca de dois anos que ele tinha perdido a esposa, e conversamos sobre os lembretes da ausência dela que estavam se aproximando. Essa era a segunda vez que ele os encarava. Havia tantos naquela época do ano: o dia que ele a perdeu; o aniversário dela, o aniversário do filho deles. Parecia pesado demais.

— Eu só queria que as pessoas se lembrassem.

De vez quando alguém perguntava dela, sobre como *ele* estava indo ou sobre seu filho. Mas, no geral, a sua comunidade inteira parecia ter seguido em frente, deixando-o sentado naquele banco, sozinho.

Quando alguém perde um bebê, um cônjuge, um filho, um pai, um irmão, a perda é inegável. No início as pessoas se aproximam. Mas então algumas semanas se passam, alguns meses, um ano, até mesmo dois anos. Quando alguém se divorcia, adoece ou está cuidando de um familiar doente, as pessoas, não importa o quanto sejam solidárias, seguem em frente.

Será que estão tentando fazer o seu melhor? Acredito que sim, na maior parte do tempo pelo menos. Mas isso não muda o impacto. A partida delas só acentua a perda. Pode começar a parecer que são alérgicas à sua dor. Elas simplesmente não querem estar por perto ou tocar no assunto. Clientes meus relatam que ouvem uma versão disto: "Eu estava com medo de tocar no assunto, porque não queria lembrá-lo". Uma pessoa de luto, no entanto, não tem o luxo de se esquecer de sua perda. E isso pode começar a soar como uma pressão para "ficar bem de novo"; como se a pessoa não estivesse "seguindo em frente" rápido o bastante. O luto em si é difícil; sentir que de alguma forma não está sendo vivido do jeito certo só aumenta um fardo que já é pesado demais. Pode parecer que cada um seguiu para um lado, enquanto a pessoa ainda está lá sentada no banco. A solidão amplifica a dor.

O luto de quando se espera por um resultado desconhecido

Não é só que os outros são alérgicos à sua dor; com frequência, falhamos em reconhecer os modos nos quais estamos, de fato, de luto. Durante experiências difíceis, existem pistas que precisam ser encontradas, analisadas e receber o nome correto: luto.

O luto de ter que esperar por um resultado desconhecido geralmente acompanha uma jornada de infertilidade ou um diagnóstico médico.

— Se você soubesse como essa história termina — costumo dizer aos meus clientes —, a sensação seria diferente. O *não saber* amplifica o luto.

— Isso é tão difícil — uma cliente admitiu, suspirando, enquanto se jogava no meu sofá. Ela estava de volta à fase de espera, questionando se dessa vez seria diferente. Ela se perguntava se conseguiria engravidar.

Quando você não sabe como a história vai terminar, a espera pode ser um tipo de *luto ativo*, que vive e respira, e acompanha você em todos os lugares — para o trabalho, um chá de bebê, uma reunião familiar — enquanto ofusca os seus dias. Pode ser que você ainda consiga se apegar a alguma esperança; na maioria dos dias, porém, a tristeza se sobrepõe.

Essa companhia indesejada pode ofuscar suas interações também. É exaustivo ter que fazer atualizações, além de exigir grande vulnerabilidade. Você está cansado das perguntas. Está feliz pelos seus amigos que tiveram finais felizes, mas a sua vida parece tão diferente da deles, tão mais solitária, triste.

O que você está sentindo é luto. E tudo bem sentir. Na verdade, é *essencial* sentir o luto.

O luto de um anseio não alcançado

À medida que a sua história continua, um resultado desconhecido se torna um anseio não alcançado. O anseio de estar em um relacionamento romântico, por exemplo, ou de ter um filho ou uma família, se torna o pano de fundo da sua vida. São tantos os maravilhosos anseios que, por nenhum motivo explicável, não são realizados. Você está ali naquele banco, desejando estar sentado em outro lugar, com o seu anseio realizado. Mas isso não acontece.

Eu nomeio esse luto com uma cliente que está sofrendo:

— Se eu pudesse, faria isso acontecer para você. Eu apertaria aquele botão agora mesmo. Eu também não entendo. — Reconheço que não existe um conselho terapêutico brilhante que pode resolver esse anseio não alcançado. Aquilo que ela deseja não está acontecendo e há anos não vem acontecendo.

Nós nos sentamos naquele banco, juntas.

Ela preparou aquele assento para alguém especial que ainda não apareceu; que pode nunca aparecer. Nós nos recusamos a tentar ver o lado bom disso. Dignificamos o luto dela nos recusando a usar chavões para amenizar a realidade de sua dor. É uma troca. É difícil. Deixo claro que ela pode se lamentar, pode sentir raiva.

Depois de alguma escavação, você geralmente descobre que por trás da raiva há um grande luto.

O luto em relacionamentos com pessoas ainda vivas

O que costuma surpreender muitas pessoas é a conexão que existe entre o luto e a raiva. Eu encorajo meus clientes a escutarem sua raiva. Acredito que, se você escutar sua raiva, ela geralmente vai levá-lo a algum lugar, às vezes a um lugar inesperado. A raiva é considerada por muitos uma emoção secundária, o que significa que sempre existe algo por trás dela.[47] Os clientes costumam se surpreender com o tanto de raiva que sentem das pessoas que os criaram. Mas o que é ainda mais surpreendente é o luto por trás dessa raiva. Eles estão de luto pelo amor que nunca receberam; pelas pessoas que seus pais nunca foram, e talvez ainda não sejam. Pela mãe que não consegue parar de falar de si mesma tempo suficiente para se interessar por você, *filho dela*. Pelo pai que não consegue parar de trabalhar, beber ou assistir televisão para estar com você, *filho dele*.

Se o luto é um banco, às vezes, em um acesso de raiva, você o chuta, derrubando-o. Assim que reconhece a tristeza por trás daquela raiva, talvez você consiga pegar o banco que chutou, sentar-se nele e honrar que isso também é luto.

Eu me lembro das lágrimas de uma amiga ao lamentar o que sua família não foi e ainda não era.

— Por que eles não se preocupam mais? Por que nunca ligam? Eu simplesmente não entendo. — Ela tem uma família, mas será que eles a têm?

O luto nos relacionamentos pode se aplicar a pessoas que ainda estão vivas, mas que não fazem mais parte da sua vida. Amizades, por exemplo, podem implodir ou, às vezes, simplesmente desaparecem. Fica um buraco onde antes havia uma ligação importante. Talvez você role o *feed* das redes sociais dessa pessoa ou cruze com ela no supermercado. A dor que você sente não é apenas emocional; por vezes, é física. Isso acontece porque nosso cérebro registra a desconexão e a rejeição da mesma forma que registra a dor física.[48]

Às vezes ficamos de luto pela nossa decepção, como quando descobrimos que alguém não é quem pensamos que fosse; ou pela quebra de confiança, quando um casamento termina por causa de uma infidelidade, ou uma amizade termina por causa de inveja.

Você pode ficar de luto por alguém que ainda está no seu mundo, mas que mudou dramaticamente, talvez de formas que não podia controlar. Pode ser por causa do vício ou de uma lesão cerebral traumática, ou demência, essa pessoa não é mais a mesma, e você se sente impotente para se aproximar dela como antes. Você fica de luto pela perda de quem essa pessoa já foi na sua vida.

O luto por aquilo que você não consegue "consertar"

Estar de luto pode ser como sentar-se em um banco no meio de uma cidade barulhenta. Ônibus passam, sons de buzina, pessoas correndo para lá e para cá. Mas a pressa da cidade parece muito distante quando você está naquele banco, porque no banco do luto o tempo não passa.

O sol nasce de novo. Um novo dia. Qualquer que seja o tipo de luto — solidão, resultados desconhecidos, anseios não alcançados, o luto por aqueles que ainda estão vivos —, você continua sentado lá. Geralmente sozinho. Deixar a correria da vida para se sentar com alguém na imobilidade do luto é conexão.

Sentar-se ao lado de alguém naquele banco é amor.

Quando você se recusa a deixar alguém sentado sozinho; quando se senta com ele, faz a vigília e estende a mão para segurar a dele, está dizendo: "Você não está sozinho aqui".

Se, enquanto lê isto, você está sozinho em sua dor, espero que tenha sentido que alguém está sentado com você nesse banco hoje, mesmo que só por um momento.

CAPÍTULO 10

POR TRÁS DA ANSIEDADE

"Não é com aquilo que teme que você precisa lidar,
mas sim com a mãe daquilo que teme."

DAVID WHITE

ENQUANTO O LUTO É UMA DOR QUE *PRECISAMOS* SENTIR em vez de mitigar, a ansiedade é uma dor que nós *erroneamente* sentimos em vez de mitigar.

Meu marido e eu estávamos indo viajar pela primeira vez desde que nos tornamos pais de três filhos pequenos. Em vez de celebrar, no entanto, eu me vi imaginando o avião caindo e nós dois morrendo, deixando nossos filhos sem mãe nem pai. Um pensamento terrível e nada romântico para uma viagem tão romântica, não é mesmo? Como muitas pessoas, eu estava indo bem, mas revivia essa tragédia na minha cabeça à medida que o dia da viagem se aproximava.

Quando compartilhei isso com a minha terapeuta, ela argumentou que eu estava entrando no modo ansioso para fugir dos sentimentos de vulnerabilidade que aquela viagem despertava. *Ela foi direta*, pensei de brincadeira. Eu me senti exposta, no início, até perceber que ela estava certa. Eu realmente me sentia incrivelmente vulnerável deixando os meus filhos, e também parecia vulnerável fazer algo tão divertido. Em vez de sentir aquelas vulnerabilidades, porém, recorri a um modo familiar de enfrentamento: a ansiedade.

Esse exemplo improvável ilustra o que vamos encontrar por trás da sua ansiedade. Porque sempre existe algo se escondendo atrás dela, quase invisível. Mas primeiro vamos fazer algumas distinções. A *ansiedade do dia a dia* é diferente de um *transtorno de ansiedade*. Embora este capítulo possa ser aplicado para qualquer nível de ansiedade, recomendo procurar um profissional se você estiver sentindo uma ansiedade intensa, que interfere nas suas atividades regulares e dura meses ou mais tempo. Esse nível de ansiedade não é situacional e pode ser parte de um transtorno de ansiedade, que deve ser tratado com a ajuda de um profissional.[49] A ansiedade, seja um transtorno diagnosticado ou não, pode ser criada por uma combinação de genética, trauma, dificuldades, estágios da vida, relacionamentos, família de origem — o que você quiser.

Sempre vemos a ansiedade como um problema, quando ela pode ser um sintoma de algo mais profundo. Por exemplo, um trauma não resolvido pode causar ansiedade.[50] Foi o que aconteceu no meu caso. A ansiedade costuma ser confundida com o problema principal porque quase sempre é o que faz mais barulho. Mas é geralmente a expressão de algo mais profundo, que também precisa de atenção. Alguns teóricos se referem à ansiedade como uma forma de enfrentamento.[51] Em outras palavras, nós usamos a ansiedade para lidar com outra coisa. Mesmo que cause um sentimento ruim, a ansiedade pode estar servindo a um propósito para nos ajudar a superar, a evitar ou a fugir de sentir algo.

Fugindo de sentimentos vulneráveis

Assim como no meu exemplo anterior, muitos de nós fugimos dos nossos sentimentos por meio de pensamentos ansiosos.

Imagine que os seus sentimentos são como um rio e seus pensamentos ansiosos são como pássaros voando acima dele. Se você seguir os pássaros no céu, pode deixar escapar as respostas que estão flutuando no rio. Embora a ansiedade possa ser exaustiva, nós nos vemos ali seguindo os pássaros porque não queremos, ou não sabemos como, sentir o que estava no rio.

É uma resposta automática da qual você não tem consciência. Por exemplo, você pode estar sentindo uma tristeza que não quer sentir, ou até mesmo sentindo uma felicidade inesperada. Desconfortável com esses sentimentos, você foge deles e começa a seguir os pássaros ansiosamente. Quando se vir preso em pensamentos ansiosos, pode ser útil ter curiosidade e tentar nomear o que você está sentindo por trás de sua ansiedade.

Com relação à vulnerabilidade de sentir coisas boas, Brené Brown cunhou o termo “alegria como mau presságio”.[52] Esse é o fenômeno de sentir algo alegre e imediatamente imaginar coisas assustadoras acontecendo. Brown descreve isso com exemplos como ficar parado em pé diante do berço do seu filho e em seguida imaginar algo terrível acontecendo. Ou a viagem perfeita de carro no final do ano, com músicas de Natal tocando: segundo a pesquisa que ela fez, 60% das pessoas imaginam um acidente logo em seguida, enquanto entre 10 e 15% imaginam algo igualmente terrível. Ao citar a intolerância à vulnerabilidade como a causa principal de muitas ansiedades, a autora argumenta que a alegria é vulnerável demais para suportarmos.

Brown recomenda *sentir* a vulnerabilidade da alegria do momento, ter gratidão por essa alegria como forma de se manter presente. Isso evitará que a sua mente imagine os piores cenários possíveis. A recomendação dela de permanecer com a vulnerabilidade funciona com qualquer sentimento do qual você esteja tentando fugir. Assim, quer seja um bom sentimento ou um sentimento difícil, nomeá-lo e permanecer com ele pode ajudar.

O medo secundário à espreita

A ansiedade pode ser alimentada por uma combinação entre temer o pior e subestimar a sua capacidade de lidar com aquele pior cenário possível. Essa tendência de superestimar o que você teme e subestimar a si mesmo geralmente é a causa da ansiedade.[53] Você está ansioso com algo e tem medo de não saber lidar com isso.

Alguma versão disso está por trás de muitos lugares em que ficamos presos com a ansiedade. Eu gostaria de deixar claro que não estou minimizando o enorme peso, medo e perdas que a ansiedade desfila diante de nós. Mas, se você passar por coisas que o magoem, esses pensamentos não vão torná-las mais fáceis. Depois de nomear esse medo secundário à espreita, é menos provável que você passe os seus dias revivendo esses medos.

Por trás de muitos dos nossos medos na vida está o de sermos destruídos de um jeito que não terá conserto. É um medo existencial que fica à espreita atrás de nossas ansiedades. Sim, aquilo com que você fica obcecado é preocupante, mas o motivo pelo qual você está ansioso antes que isso aconteça é provavelmente porque teme não conseguir lidar com isso. Trazer à tona a verdade, o apoio, a fé e os planos para que você consiga lidar efetivamente com isso pode aliviá-lo desses pensamentos ansiosos.

Mais imediatista do que esse medo existencial é aquele medo diário de não conseguir lidar com o que vai acontecer *hoje*. Como o medo que uma cliente tinha: a carreira dela estava deslanchando, o que criava mais oportunidades e mais exposição a plateias maiores, geralmente formada por pessoas importantes na empresa onde trabalhava. Com esse crescimento meteórico veio um medo incapacitante. Ela temia se sentir ansiosa durante uma apresentação e *não ser capaz de lidar com isso*. Você pode imaginar o pavor que isso causava antes de suas apresentações. Essa sensação rapidamente se tornou paralisante.

O que ajudou foi focar o medo do secundário à espreita: de que, se ela se sentisse ansiosa, não seria capaz de lidar com isso. Praticamos a verdade norteadora de que ela *seria capaz* de lidar. Ela já tinha feito isso antes e poderia fazer de novo. Assim, o alívio não veio de nunca mais se sentir ansiosa; o alívio veio de perceber que, se ela se sentisse ansiosa, seria capaz de lidar com isso. Sabe o que aconteceu depois? A ansiedade dela se dissipou; não porque ela encontrou um meio de controlá-la, mas porque ela lidou com o medo por trás dela. Ela entendeu que conseguiria passar por isso, mesmo se sentindo ansiosa.

Seu corpo e a ansiedade: nem tudo está na sua cabeça

A ansiedade pode viver no seu corpo sem estar vinculada a pensamentos específicos. É como um alarme que dispara sem um motivo aparente. Alguns corpos, por inúmeros motivos históricos, desde um trauma agudo até uma educação altamente crítica, podem carregar alarmes. Por quê? Porque o seu corpo se lembra.[54] Você pode acordar ou ir para a cama com esse sentimento. Pode sentir isso em momentos aleatórios, quando não está ansioso por nada em específico. Isso acontece porque o nosso corpo guarda esse alarme dentro dele, mesmo que não haja palavras para explicar.[55]

Os clientes geralmente quebram a cabeça tentando entender por que estão se sentindo ansiosos. Enquanto vasculham a causa, costumam se sentir, bom, mais ansiosos. Às vezes, com certeza existe um gatilho direto para o sentimento de ansiedade. Outras vezes, no entanto, é só um velho alarme em seu corpo. Com frequência não conseguimos evitar porque fomos ensinados que o caminho para acalmar a ansiedade é controlar nossos pensamentos.

Seu corpo pode tocar o alarme. Se isso acontecer, dedique sua atenção a acalmar a reação ansiosa de seu corpo. Já testemunhei clientes virarem a página da ansiedade aprendendo a silenciar seus alarmes. O primeiro passo para fazer isso é perceber que às vezes não está na sua cabeça; às vezes está no seu corpo. Quando você reconhecer isso, poderá começar a agir para lidar com o alarme. As ferramentas do Capítulo 5, como exercícios de respiração e práticas de ancoragem, são todas úteis para acalmar o alarme em seu corpo.

A previsibilidade por trás da ansiedade: "Olha ela aí..."

Existe o medo latente que acompanha uma experiência aguda de ansiedade: *E se aquilo voltar?* Percebi um aumento de ansiedade durante a pandemia de covid-19. Tive muitos clientes que sentiram um tipo de ansiedade que nunca tinham sentido antes. Era inquietante. Eles se perguntavam: *Quem é essa estranha que veio me visitar e como faço para ela ir embora?* A tendência, que é completamente compreensível, é tentar parar a ansiedade: bloquear os pensamentos ou reduzir o seu mundo para que nunca encontre esse sentimento de novo. Alguma coisa, qualquer coisa. Essa não é resposta.

A resposta para o medo de *e se aquilo voltar?* é:

Vai voltar.

Mas nomear essa previsibilidade pode nos libertar desse medo.

Anos atrás, quando eu fazia sessões com o dr. Barnes, a possibilidade de ter outros pensamentos ansiosos ou assustadores era paralisante. Enquanto eu explicava o quanto isso era assustador, ele ouvia com atenção e paciência. Em seguida, olhou para mim com bondade, bateu no relógio e disse: "Quando esse pensamento vier, basta olhar para o seu relógio, bater nele e dizer: Olha ela aí..."

A simplicidade disso ficou comigo e nunca deixou de ajudar. O que ele modelou para mim foi que *um pensamento é só um pensamento*, e *um sentimento ansioso é só um sentimento ansioso*. Ele não será o seu fim. Quando você recuperar o poder, debochando com bom humor do seu retorno previsível, ele se tornará muito menos alarmante.

Então, o que está por trás da *sua* ansiedade? Esse é um bom lugar para procurar pistas. Será que é um velho alarme? O medo de não conseguir lidar? Um sentimento vulnerável? Um padrão previsível ao qual você pode dar uma resposta debochada?

Aproximar-se de si mesmo quando se sentir ansioso é como pegar na mão da criança e ajudá-la a acender a luz antes de dormir. Sim, aquilo do que ela tem medo é assustador, isto é, se fosse real. Mas com a luz acesa aquelas sombras assustadoras desaparecem. Vocês podem olhar dentro do armário e debaixo da cama, garantindo à criança que o que está lá é muito menos assustador do que aquilo que ela temia.

CAPÍTULO 11

O DOLOROSO "PORQUÊ" DOS PROBLEMAS COM LIMITES

"Se ninguém nunca lhe disse, a sua liberdade é mais importante do que a raiva deles."

NAYYRAH WAHEED

UMA CLIENTE, EXAUSTA E DERROTADA, ME DIZ EM VOZ BAIXA que simplesmente não sabe mais o que fazer. Ela. Não. Aguenta. Mais. É muita coisa. Ela se sente desconfortável na própria pele, não tem "nenhuma motivação", e está cansada o tempo todo.

— Será que estou deprimida? — ela me pergunta. — Talvez seja a tireoide.

Começamos ouvindo e validando. Os melhores lugares para começar. Ela se sente péssima; nós a encontramos nesse lugar com compaixão. Lágrimas descem pelo seu rosto.

— Mas o que acontece? — ela questiona. — O que tem de errado comigo? Tenho tudo de que preciso, então por que me sinto assim?

— Eu não sei — digo a ela. — Mas sei que a resposta está aqui em algum lugar.

Ficamos curiosas. Nomear a dor com precisão sempre exige suspender o julgamento. Continuamos conversando e alguns detalhes aparecem. O cuidado com um vizinho doente. Ter que ficar levando seus filhos para cima e para baixo, para os quatro esportes diferentes que eles praticam. Sim, quatro. Os prazos impossíveis e intermináveis no trabalho. O marido que surpreendentemente não ajuda. A mãe que liga todos os dias para desabafar. As sessões de diálise do pai. É a semana do dia dos professores também, e ela está encarregada das comemorações — de *toda* a escola. Sem esquecer que ela será a anfitriã do clube do livro este mês de novo, porque ninguém se voluntariou.

As pistas começam a fazer sentido. *Será que ela está realmente desmotivada?* Eu me pergunto. *Ou será que está completamente esgotada?*

Continuamos ouvindo e um tema aparece.

— Eu simplesmente não me sinto bem dizendo "não" para eles.

Ah, sim. Chegamos ao motivo. Ela pode se sentir para baixo e desmotivada, mas os sinais estão apontando para a exaustão de se doar demais sem descanso. O impacto é acumulativo. Algumas coisas não podem ser evitadas, como a diálise do pai; mas outras *precisam* desaparecer. As sessões de desabafo da mãe e ser anfitriã do clube do livro? Pode cortar.

Alguém poderia chamar a atenção dela por sua falta de limites, mas o que isso resolveria? Em vez disso, encontramos a dor na vida da dela que está ligada à sua dificuldade de dizer não. Mas não podemos parar por aí. Precisamos perguntar por quê: por que é difícil para ela dizer "não"?

Ao nomear esse doloroso "por quê", avançamos. Enquanto crescia, ela nunca se sentiu importante em sua família. Seu irmão mais velho alternava entre ser a estrela da casa e o inimigo. De qualquer forma, *ele* recebia toda a atenção. Ela aprendeu a ter espaço sendo aquela que agradava, que limpava depois do jantar enquanto os pais discutiam com ele. E aprendeu a dizer que não era tão importante quando eles saíam de seu encontro de ginástica mais cedo para apoiar a grande estreia do irmão no futebol.

A escola não era fácil também. Introvertida e sensível, ela não encontrou alguém como ela na escola, e então se tornou a garota do "sim", sempre ajudando os demais com as tarefas; sempre dividindo a sua parte favorita do lanche. Isso a levou a fazer o dever de casa dos outros no ensino médio e a ser motorista de colegas bêbados nas festas de final de semana. Ela fazia o que sabia fazer para ser amada. E ela nunca superou isso. Muitos de nós fazemos a mesma coisa, não fazemos? Os detalhes de nossas histórias podem ser diferentes, mas a motivação é a mesma.

Ela escolheu um marido que reproduzia os padrões de seus pais. Ele parecia incapaz de fazer o mínimo para ajudar. Ela cresceu para repetir esses comportamentos em sua vida adulta. Por trás de tudo isso estava a dor de uma criança que só queria ser vista e amada. A dor da vida dela hoje, causada pela falta de limites, tem origem em um *porquê* histórico e doloroso. Ela nunca vivenciou uma forma diferente de receber amor.

Por trás da maioria dos problemas com estabelecer limites estão pessoas que só querem ser amadas.

O foco errado

Limites são uma causa de dor pouco diagnosticada. Essa dor geralmente está conectada a um porquê de sua história. Nós geralmente temos o foco errado.

Eu estava arrumando o cabelo quando me dei conta disso. Em pé no meu banheiro durante um raro momento sozinha, avaliei as duas semanas anteriores. Eu mal me reconhecia na minha exaustão e irritabilidade. Tinha me doado muito além do meu limite. Tinha feito tudo o que podia para criar a melhor experiência possível, e quer saber? As pessoas continuavam sendo quem eram. E aqueles relacionamentos que deveriam melhorar quando eu criasse o cenário perfeito? Eles não melhoraram. Todo mundo que eu tanto quis agradar só recebia. E continuou recebendo. Você já viveu uma versão disso em seus relacionamentos?

Eu achava que receberia algum tipo de prêmio, ou pelo menos o reconhecimento, por me doar além do meu limite. Mas não. Eu me doava em excesso até ficar ressentida com todos. Eu me dei conta ali no banheiro de que as pessoas para quem eu tinha me doado demais não estavam entregando prêmios. Aparentemente, o único prêmio por se doar demais é a exaustão, juntamente com a expectativa dos outros de que você continue fazendo isso. Você se identifica?

Eu tinha lido muitos livros; eu deveria saber! Não ajudou brigar comigo mesma também. Em vez disso, eu precisava descobrir o "porquê" por trás do meu o comportamento de me doar em excesso. Havia uma dor que eu estava evitando e enquanto fazia isso. Qual era?

Eu tinha medo da desaprovação e da rejeição, caso me doasse dentro dos meus limites.

Sempre falamos sobre os problemas em estabelecer limites como se fossem apenas fracassos da parte de quem estabelece o limite de se impor, tanto para fazer suas necessidades serem atendidas quanto para pedir o que quer. O que está *realmente* acontecendo?

As pessoas não tem problemas em estabelecer limites porque querem. Por que alguém escolheria a irritabilidade, o caos e a exaustão de uma vida sem bons limites? Elas têm problemas em estabelecer limites porque em determinado momento precisaram fazer isso. Elas aprenderam que um meio de se proteger de mais dor era sacrificando a si mesmas pelas necessidades dos outros.

Criando o alicerce primeiro

Antes de avançarmos, vamos verificar se estamos na mesma página. Um limite é o lugar onde você termina e os outros começam. É uma cerca entre aquilo pelo que você *é* responsável e aquilo pelo que *não é*. É aquilo para o que você dirá "sim" ou "não" com relação ao seu tempo, suas emoções, seus relacionamentos e seu corpo.

Limites saudáveis precisam ser flexíveis o bastante para permitir que as coisas boas entrem, mas firmes o suficiente para manter as coisas nocivas do lado de fora. Quando nossos limites são saudáveis, eles são flexíveis e sustentáveis, permitindo que nos sintamos mais equilibrados. Quando nossos limites são porosos demais, sentimos mais caos e descontrole. O que está dentro dos seus limites é aquilo pelo que você é responsável, por exemplo, escovar os dentes, pagar as contas, cuidar dos seus filhos (desconsiderando os momentos de crise, é claro).

A dor nessa área tem camadas. Existe um motivo pelo qual você tem limites fragmentados, além das consequências dolorosas de viver com eles.

Vamos começar por aqui: como é sentir que seus limites não estão funcionando?

O jardim errado

Os seus limites são como um jardim em um quintal demarcado por cercas. Imagine uma cerca de madeira circundando o seu adorável jardim verde. O que está dentro da cerca é sua responsabilidade. Você rega, tira as folhas mortas, semeia. Mas e se você pegasse a sua mangueira e gastasse a maior parte do seu tempo aguando o jardim do seu vizinho? Completamente convencido de que isso é admirável, você rega, limpa e semeia o jardim do seu vizinho. Você faz tanto isso que começa a negligenciar o seu próprio jardim. Afinal de contas, o dia só tem 24 horas. Sem receber água, a sua adorável grama verde resseca e morre. Mas e a grama do seu vizinho? Aquela que você gastou todo o seu tempo cuidando? Está maravilhosa.

Quer seja o seu jardim ou a sua vida, assumir a responsabilidade pelos outros deixará o seu espaço seco e árido.[56] E as consequências de cuidar do jardim errado são dolorosas. Veja a seguir algumas que vejo em meu consultório.

Exaustão: um traço comum entre as pessoas que não estabelecem limites suficientes é a exaustão. Quando percebo que um cliente está sempre exausto, questiono em voz alta, junto com ele, sobre os seus limites (isso exclui aqueles que estão passando por uma crise de saúde, se tornaram pais recentemente, cuidam de alguém doente ou estão passando por alguma a doença física). Se, na rotina normal da vida, a pessoa não consegue recuperar o fôlego, geralmente é porque não tem tempo para isso. Se a exaustão é sua companheira constante, não quer dizer que você está fazendo algo errado. Mas ela pode indicar que seria bom você dizer "não" com mais frequência.

Ressentimento: outro tema comum é o ressentimento. É um sinal de se doar para além de seus limites. É a luz de alerta no painel. A maioria das definições concorda que o ressentimento é uma resposta negativa a ser maltratado.[57] Você está quase sempre com raiva, de todos. Será que está sendo maltratado? Ou será que está permitindo que os outros tirem vantagem da sua capacidade de se doar demais? Podemos nos sentir maltratados fazendo mais do que deveríamos. O ressentimento é uma irritabilidade em fogo baixo. Quando algo está sendo mantido quente no fogão, isso é feito com o fogo baixo. Se o fogo estiver alto, pequenas bolhas aparecerão. E, antes que você se dê conta, o ressentimento resultante de limites ruins transforma uma irritabilidade em fogo baixo em uma raiva fervilhante... Até que você transborda.

Uma vida sacrificada: por fim, com limites fragmentados eu geralmente enxergo uma vida sacrificada. A vida de quem? *A sua.* Você se identifica? Quais são as coisas que você gostaria de fazer ou mesmo de ter tempo para pensar a respeito? Em tempo: uma terapeuta me disse uma vez que eu poderia pintar, me exercitar e trabalhar com três crianças pequenas em casa, um marido que viajava com frequência e administrando o meu próprio negócio. Eu não me sentia realizada, segundo ela, porque não estava me esforçando o suficiente. Bom, ela estava errada. Eu não *conseguia* fazer tudo. Parei de vê-la, mas aprendi uma lição valiosa. Desde então, sempre tomo cuidado para incluir o contexto em qualquer discussão sobre limites que faço. Talvez você *não* tenha tempo sobrando. Talvez você seja pai solo ou cuidador de um cônjuge com deficiência. Se for esse o caso, esta seção não é para você. Aqui, estou me referindo àqueles de nós que têm tempo livre, não importa o quanto, e estão doando esse tempo para outras pessoas. A água só está indo para o jardim *delas*. A consequência é que os seus sonhos, objetivos, ideias, paixões, hobbies e interesses são sacrificados. E o que acontece quando você está seguindo a vida com partes importantes de quem você é sendo perpetuamente sacrificadas? É uma receita para ressentimento, decepção, ansiedade e esgotamento.

Você merece explorar *todas* as partes de quem é, por isso vamos examinar o doloroso porquê por trás desses limites fragmentados.

O doloroso porquê

Os problemas de alguém para estabelecer limites hoje costumam ser históricos em suas origens. É por isso que a história do seu passado é tão importante. Em algum momento, você percebeu que era melhor fazer exatamente o que sua mãe queria, mesmo que fosse pouco razoável ou impossível, porque a indiferença dela doía na sua alma. Você aprendeu a não fazer barulho, mesmo quando estava rindo, sempre que seu pai estava com *aquele* humor. Você aprendeu a ser pai quando seus pais não foram, quando trabalhavam demais, bebiam demais, eram emocionalmente ausentes, ou tudo isso. Você aprendeu a sacrificar a sua identidade para pertencer àquele grupo da escola, porque a dor de ficar isolado por mais um ano era demais. Para se encaixar, você aprendeu a assimilar, negando partes suas que temia serem rejeitadas. Você aprendeu a agir, conversar, comunicar e a se curvar como se todos fossem mais inteligentes que você, para evitar ser alvo de deboches cruéis. Você aprendeu que precisa ser ofuscado, diminuído ou negado para manter seus relacionamentos. E, assim, você aprendeu a *não* estabelecer limites, só para sobreviver a outro ano escolar.

Por trás de muitas dessas dores menores está a dor maior de não ser amado ou de se sentir sozinho. Essa dor dói tanto que traímos nossas necessidades para evitá-la. É assim que os problemas para estabelecer limites se desenvolvem. Aprendemos o que precisamos fazer, ser ou dizer para continuar bem com os outros.

Quando temos limites ruins, estamos sempre procurando um meio de criar uma sensação de segurança emocional.[58]

Talvez você não saiba como definir a segurança, mas eu aposto que o seu corpo sabe. Segundo a teoria polivagal, criada por Stephen Porges e comumente denominada "a ciência do sentir-se seguro", aprendemos a necessidade que o nosso corpo tem de se sentir são e salvo com os outros para poder funcionar bem, nos curar e interagir. Ter segurança é sentir que outra pessoa não é uma ameaça. O nosso sistema nervoso interpreta "seguro" ou "inseguro" na fisiologia do rosto do outro, geralmente aquela expressão em seus olhos e tom de voz.[59] É uma reação subconsciente, e podemos ter uma resposta de agradar sem nem ao menos processar a informação conscientemente, sobretudo se foi isso que aprendemos enquanto crescíamos. Para algumas pessoas é uma habilidade de sobrevivência. Lembra da maneira como o nosso corpo reage ao urso, que discutimos anteriormente? Agora imagine isso nos relacionamentos. O seu desejo de agradar e a sua omissão em estabelecer limites podem estar enraizados em uma dor antiga de não se sentir seguro.

Para alguns, essa dificuldade em dizer "não" pode ser evidência de uma resposta "bajuladora". Aprendemos sobre luta, fuga e paralisia, mas, de acordo com o terapeuta e escritor Pete Walker, existe uma quarta resposta na qual a pessoa que se sente ameaçada se torna mais agradável para neutralizar a ameaça.[60] Walker explica:

> os que são do tipo bajulador buscam a segurança incorporando os desejos, as necessidades e as demandas dos outros. Eles agem como se inconscientemente acreditassem que o preço para ser aceito em qualquer relacionamento é renunciar a todas as suas necessidades, direitos, preferências e limites.[61]

O padrão de comportamento de agradar que aprendemos desde cedo, a partir da necessidade de nos sentirmos seguros, pode estar por trás da sua dificuldade de dizer "não" hoje.

Em contrapartida a essas experiências formativas, os relacionamentos seguros não requerem que você ultrapasse seus limites. Essas pessoas aceitam você por completo, não importa para o que diga "sim" e "não". O seu corpo se sentirá seguro com elas.

Outro meio de entender o porquê doloroso por trás dos problemas para estabelecer limites é a teoria do apego. Lembre-se: nós definimos o apego seguro como um pai que é capaz de ser carinhoso, responsável e confiável; não perfeito, mas atento a você. No entanto, outro indicador de apego seguro é quando as crianças se sentem livres para compartilhar emoções e pensamentos negativos com seus cuidadores sem ter medo de serem rejeitadas, envergonhadas ou repreendidas.[62]

Imagine o quanto você seria diferente com relação a limites hoje se tivesse recebido permissão para expressar emoções negativas e ainda assim se sentir amado. O quanto do seu comportamento de agradar e, portanto, dos limites ruins pode ter a ver com isso.

A conclusão a que tenho chegado em meu consultório?

Tem muito a ver com isso.

O seu porquê é a sua saída

Na próxima vez, antes de brigar consigo mesmo por se doar demais, pratique nomear a sua dor desenvolvendo uma curiosidade sensível sobre o seu porquê.

Nomear essa dor é a chave para destrancar a porta que leva a uma vida diferente. Quando você aprende a nomear o motivo por trás dos limites que escolheu, aprende a escutar aquilo de que precisa. A partir disso, comece a honrar seus limites estabelecendo novos.

Não era sua obrigação se sacrificar para ser amado. Talvez tenha sido o que você precisou fazer na época, mas não é onde você precisa estar hoje. Isso não é amor. É uma transação desproporcional, na qual você leva a pior.

Estabelecer limites é se recusar a viver com esse desequilíbrio. O amor não pede que você sacrifique a si mesmo de uma maneira que não honra a sua humanidade por inteiro. Estabelecer limites é se recusar a abandonar a si mesmo. É se enxergar no passado, doando tudo, não de modo altruísta, mas para sobreviver. É se pegar gentilmente pela mão e dizer: “Eu entendo. Você precisava dar tudo de si para se sentir seguro, para se sentir bem. Fazia sentido na época. Mas agora acabou”.

CAPÍTULO 12

ISSO É DEMAIS

"Se não transformarmos nossa dor, vamos com certeza transmiti-la."

RICHARD ROHR

UM DIA PAREI EM UMA LOJA DE DEPARTAMENTOS voltando para casa do trabalho e fiquei olhando a decoração de outono. Um dia normal. Eu estava feliz de ter um momento só para mim.

Meu celular vibra: "mamãe. estamos em *lockdown*. mãe".

A minha filha mais velha estava na escola, apavorada, e me enviou uma mensagem da sala de aula enquanto a polícia era chamada. Ela estava dentro de um armário. O diretor mandou que todos se escondessem imediatamente: um atirador estava à solta no prédio. Os alunos estavam tentando trancar a porta, mas não conseguiam. Crianças estavam correndo em pânico. Eram só crianças.

O pânico deles se tornou o meu. Com as mãos tremendo, digitei: "Faça o que os professores mandarem. Eu te amo".

Eu me sentei na beirada da cadeira mais próxima. Na semana anterior, uma arma carregada tinha sido encontrada pelos detectores de metal no prédio dela. Na semana anterior a essa, alguém havia sido assassinado na Universidade da Carolina do Norte em Chapel Hill, e várias pessoas tinham sido mortas em um crime de ódio racista na Florida.[63]

A loja parecia estranha agora. Meu carrinho, com uma guirlanda outonal, de repente perdeu o sentido. Esperei para ter notícias de que minha filha estava bem, pensando se falaria com ela de novo. Eu me perguntava se estava tudo bem na escola.

No fim das contas, era um treinamento. A turma dela foi pega de surpresa porque estava com uma professora substituta que não tinha sido informada.

Quando enfim voltei para o meu carro, chorei. Senti tanto medo, tanta raiva. Chorei por ser essa a nossa realidade. Uma ameaça assim era uma possibilidade a qualquer momento em nosso país, e nós aparentemente não conseguimos mudar isso. Chorei por cada pai cujo filho *não ficava* bem, quando *não era* um treinamento. E essa era apenas uma tarde normal em uma loja de departamentos em uma vida bastante privilegiada.

Até aqui, nomeamos várias dores históricas, juntamente com algumas do presente. Mas e a dor de simplesmente viver neste mundo? Pode se parecer com um nervo exposto, sentimentos à flor da pele e uma dor emocional excruciante.

Uma cliente se joga no meu sofá.

— Não sei o que tem de errado comigo. Estou tão ansiosa esta semana. — Ela fala rápido sobre o que aconteceu que a deixou preocupada, que não tinha relação com a sua ansiedade. O seu primeiro ímpeto foi se culpar. Era óbvio que a causa para a sua ansiedade era culpa dela. Você consegue perceber o que ela estava fazendo? Ela estava fazendo o que todos nós fazemos: subestimando o contexto no qual estava vivendo.

A sensação pode ser a de ser um peixe vivendo em um aquário que nunca é limpo. Algas verdes sempre crescem ali. A água está turva, por isso a visibilidade diminui e o nível de oxigênio cai também. É nesse ambiente que vivemos, onde nadamos sem conseguir enxergar, nem respirar, nos sentindo péssimos e questionando: "O que há de errado comigo hoje?".

Mantive a curiosidade junto com a minha cliente.

— Me conta mais sobre o que você estava ouvindo no carro. — Era um podcast semanal, ela me disse, sobre injustiças e crises que deveriam nos deixar no chão. Enquanto listava as injustiças e crises para mim, ficando cada vez mais chateada, ela percebeu a conexão. De repente, seus sentimentos faziam sentido. Ela ficou surpresa no início quando fiz mais perguntas sobre o podcast. Ela aprendeu, como muitos de nós aprendemos, que nossos sentimentos deveriam ser independentes do ambiente em que estamos. Isso não é só incorreto como é impossível. Nossos sentimentos nunca são independentes do nosso ambiente.

Todo este mundo, *tudo isto aqui* (imagine que estou sinalizando com as mãos), é demais. Muitos dos meus leitores vivem nos Estados Unidos, e, enquanto escrevo este livro, ocorrem tiroteios em massa, tiroteios em escolas, crimes de ódio, livros são banidos. E isso é só o que é noticiado. Não chega nem perto dos traumas e injustiças históricos. Existe insegurança alimentar, pobreza, racismo, violência policial, violência doméstica e pessoas perdendo suas casas. O meio ambiente está abalado. Talvez você não suporte seus sogros. Talvez seu chefe goste de humilhá-lo. A lista continua.

Não são só os eventos em seu próprio mundo que *impactam você*; os eventos no mundo todo também. O que não vejo ser nomeado em relação à dor é o reconhecimento de que isso é demais. *Tudo* ao seu redor impacta você *todos os dias*. Esse impacto vai ser diferente em cada um de nós, com base em muitos fatores, incluindo nossas histórias individuais, histórico, privilégios ou a falta deles. Com certeza os impactos não são iguais. As nossas experiências não são iguais. Mas é esperado que sigamos neste mundo como se tudo estivesse normal. Isso não é normal e definitivamente não está certo.

Você pode estar ansioso porque coisas que potencialmente causam ansiedade estão acontecendo ao seu redor. No entanto, se não entender isso, pode pegar pesado consigo mesmo pela maneira como se sente. Talvez você esteja lutando contra uma depressão relacionada a como é ser você neste mundo. Não conversamos o suficiente sobre isso também. Precisamos nomear o que está acontecendo no mundo ao redor para podermos nos entender nele. Precisamos reconhecer o micro e o macro para poder encontrar o entendimento correto. Você pode estar vivendo em um ambiente no sentido amplo ou em sua casa no sentido estrito, e ambos podem ser tóxicos. Contextualizar isso ajuda na sua compreensão. Você não consegue nomear essa dor sem *considerar* o seu ambiente. Em vez disso, frequentemente culpamos a pessoa que está sofrendo.

Os seus sentimentos são razoáveis

Eu gostaria de andar por aí com um broche para entregar para as pessoas. Nele, estaria escrito simplesmente: "Faz sentido sim".

Já perdi as contas de quantas vezes me sentei com um cliente inteligente e consciente de que passava por um momento de crise em sua vida, em sua comunidade, em seu país ou no mundo, e disse para ele: "Não, você não está exagerando; seus sentimentos fazem sentido. Se o seu coração está pesado, isso significa que você está prestando atenção".

Ele talvez seja criticado por fazer drama. Talvez ouça que *sempre* exagera. Talvez tenha um parceiro que "sempre mantém a calma", ou talvez esteja apenas consumindo as mensagens da sociedade como um todo. São várias as fontes que podem tentar envergonhá-lo para que pense que você sente demais ou que está exagerando por experimentar esses sentimentos.

Se você fica ansioso quando uma guerra é deflagrada, por exemplo, isso é razoável.

Se você fica com medo quando crianças levam tiros em escolas: razoável.

Se você fica indignado quando injustiças acontecem: razoável.

Se você fica apavorado quando o noticiário mostra outro crime de ódio: razoável.

Se você fica com o coração partido por sua amiga da faculdade que acabou de perder o bebê: razoável.

A lista continua. Ter acesso constante às dores e às injustiças que acontecem diariamente no mundo por meio da tecnologia ao alcance da sua mão pode ser paralisante. Isso acontece porque os nossos mecanismos de enfrentamento não conseguem acompanhar o nosso acesso. Isso impacta todos nós, o tempo todo. O sofrimento de outro ser humano *deve* nos impactar — sempre.

No entanto, não fomos equipados para saber como carregar tantas coisas, principalmente as trágicas, ao mesmo tempo. O resultado? A maioria de nós se sente exaurida. Não tem problema se sentir assim. Faz sentido se sentir assim. *Você* não está exagerando — é tudo *isso* que está pesado demais.

Faz sentido sim.

Tem alguma coisa no ar

Quando eu era recém-casada, morávamos em uma casa da década de 1940 na parte industrial da cidade. Ela tinha uma bela varanda com um balanço de madeira. Era cercada por trilhos de trem, armazéns e ficava perto de uma montanha cinza gigante. Essa montanha foi criada por uma pedreira com pedras trituradas. Sempre que o vento soprava, as pedras cinza pulverizadas voavam. Em alguns dias, era possível vê-las girando em uma rajada de ar. Em outros, enquanto eu limpava a varanda, pensava horrorizada: *Estou inalando isso todos os dias.*

Alguns vizinhos lideraram um movimento para responsabilizar os donos da pedreira e resolver o problema; porém, os donos minimizavam a severidade do problema. Enquanto olhava para sujeira cinza cobrindo a varanda e o balanço, eu me perguntava como eles poderiam negar aquilo que todos podiam ver. Foi então que percebi: estava ali mas era mais interessante para eles negar.

Quando há algo no ar, isso permeia tudo. O que tocamos, comemos, bebemos. Está naquilo que vivemos, onde criamos bebês, nos apaixonamos, nos machucamos. Quando algo está no ar, pode ser que lhe digam: "Não tem nada ali, pare de exagerar, é tudo imaginação sua, eu não estou preocupado, não vejo nada". Geralmente são aqueles que não são impactados que negam a existência da coisa. Com frequência, são aqueles que, por acreditar que nunca serão impactados, insistem, assim como os donos daquela montanha cinza, que "Está tudo bem! O ar está ótimo!".

Como terapeuta, meu trabalho é visitar lugares nos quais não vivi para testemunhar, honrar e nomear. Portanto, eu não poderia escrever um livro sobre dor sem abordar as questões sistêmicas que infestam nossa sociedade e machucam as pessoas. Não sou uma especialista na experiência de muitos tipos de dores causados por esses sistemas de opressão ou pelas toxinas sociais que estão no ar. Não sei quais dores causadas por viver neste mundo impactam você, mas meu trabalho seria incompleto se eu não as incluísse.

A dor não é apenas uma experiência individual; ela também é uma presença grande, sistêmica e opressiva no mundo. Ela assume várias formas: opressão racial, desigualdade de gênero, injustiça, encarceramento em massa, misoginia, homofobia, transfobia, capacitismo, xenofobia, violência, guerra e mais.

Não parece certo simplesmente listar essas dores, porque cada uma contém um mundo em si mesma. Mas é importante entender que suas raízes são profundas e se estendem por gerações que carregaram essas dores até os dias atuais.

Está tudo conectado

A nossa experiência neste mundo é como um conjunto de círculos concêntricos. Lá está você no meio, fazendo o seu melhor. No seu círculo estão as suas marcas genéticas, a sua história única, todas as histórias que você consegue nomear e toda a beleza que o compõe. Em seguida vem o seu círculo imediato, sua família, qualquer que seja a configuração. Depois, seus amigos, colegas de trabalho, vizinhos, a sua cidade. Os círculos vão ficando maiores, englobando mais do mundo, juntamente com seus problemas. A qualquer dia, aquele você pequenininho ali no meio pode sentir o peso desses círculos concêntricos.

Isso ajuda a explicar que você não está chateado simplesmente porque esqueceu de comprar leite no supermercado. Experiências como essa acontecem em um contexto mais amplo. Talvez você esteja se sentindo sobrecarregado por vários círculos naquele dia... e tudo acabando caindo na conta do leite.

Não importa o quanto você e eu sejamos diferentes em nossas experiências; existe uma coisa que eu gostaria de gritar a plenos pulmões: tudo está conectado! *Tudo*. O que significa que tudo o que você vivencia no mundo impacta tudo dentro de você. Todos aqueles círculos concêntricos estão conectados, e eles estão todos conectados *a você*. Por isso, quando ficar com raiva por causa do leite, tenha curiosidade. Você consegue imaginar quanta compaixão poderia ter por si mesmo se lidasse com o que está sentindo baseado em tudo o que sente em seu corpo, na sua comunidade e na sua história todos os dias?

É essencial que você entenda que geralmente o seu dia difícil, a sua depressão, a sua ansiedade, a sua raiva podem estar diretamente relacionados com como é ser você no mundo, em todas as suas formas interconectadas. Sem essa informação, é fácil reduzir a sua dor a sintomas superficiais em vez da complexa interação de causas.

Por fim, às vezes os círculos da sua vida pessoal concentram coisas demais. Alguém obtém um diagnóstico preocupante. Talvez esse alguém seja *você*. Você pode ser o cuidador de um bebê ou de várias crianças pequenas, de um pai ou mãe que está envelhecendo, ou todas as opções anteriores. Talvez seu parceiro tenha perdido o emprego, talvez você tenha perdido o emprego. O que eu vejo repetidas vezes é que as pessoas com mais consciência e intenção costumam ser mais duras consigo mesmas quando as coisas são, bom, difíceis. Você pode estar fazendo tudo certo e ainda assim ser muita coisa. Ser difícil. E pesado. Dizer isso permite que você evite a tendência de culpar a si mesmo.

Alguns dos maiores alívios que vejo acontecer se mostram quando um cliente e eu nomeamos juntos: "Isso é muito difícil mesmo; você não está fazendo nada errado. Está tudo conectado. E é muita coisa acontecendo nos seus círculos agora". Geralmente um suspiro previsível ocorre quando a narrativa muda de "Por que estou tendo tanta dificuldade? O que acontece comigo?" para "É exatamente por isso que estou tendo tanta dificuldade". Naquele suspiro de compreensão sempre existe uma gentileza conosco que não existia antes.

Por que eu peço que você valide cada círculo concêntrico de como é ser você no mundo? Falando de um jeito simples: é uma das melhores maneiras de se amar.[64] O amor nunca nega a dor. O amor enxerga a dor, procura compreendê-la. O amor é grande o suficiente para abarcar todos os círculos. Com ele, você não só será mais gentil consigo mesmo como será capaz de compreender melhor do que precisa.

Mantenha o seu coração terno

A ternura é necessária para nomear a dor de viver neste mundo. É uma das maiores defesas contra todo tipo de dor. Na minha opinião, a mudança neste mundo acontece por causa dos corações que estão abertos à própria dor — e à dor dos outros. Isso nos ajuda a "transformar nossa dor, e não transmiti-la", como escreve Richard Rohr.[65] A ternura se recusa a se fechar, se recusa a negar humanidade a alguém. Ela se transforma em ação. Ela também nomeia a dor para não passá-la adiante. Você mantém o seu coração terno quando não o endurece para o mundo e quando não nega a dor de estar no mundo para si mesmo e para os outros. A ternura é uma das nossas maiores ferramentas. Quanto mais somos ternos conosco, mas somos capazes de ser ternos com os outros.[66]

É muita coisa, eu sei. Fechar nosso coração é um meio de lidar com isso. Mas existe um jeito melhor, um jeito mais terno. Nomear a dor com ternura honra a sua dor. Saber o impacto daqueles círculos concêntricos não resolve a sua dor, mas ajuda você a nomear com maior precisão aquilo que você carrega, a avaliar do que precisa para seguir em frente e a perguntar a si mesmo onde você pode ser parte da mudança.

CAPÍTULO 13

QUAL ERA A SUA ESTRATÉGIA CRIATIVA?

"Teci um paraquedas com tudo que estava quebrado..."

WILLIAM STAFFORD

É PRECISO TERNURA PARA NOMEAR QUALQUER DOR. É disso que precisamos, também, para esta parte da jornada.

Praticamos nomear a dor, mas também precisamos olhar para trás. Antes de dar um nome para ela, o que você fazia com a sua dor não nomeada? Como você lidava e costuma lidar com a dor?

Todos nós desenvolvemos estratégias de enfrentamento para lidar com coisas difíceis. Por exemplo, talvez você tenha aprendido a ser o mais engraçado da turma para receber atenção. Talvez tenha aprendido a negar suas necessidades para evitar estressar sua mãe. Talvez se esforçasse para fazer tudo perfeito para evitar que seu pai gritasse com você.

Ainda que nem sempre reconheçamos, essas são todas estratégias criativas. Na terapia, costumo me pegar dizendo para meus pacientes adultos que estão refletindo sobre sua infância: "Nossa, essa é uma estratégia tão criativa que você criou para sobreviver". Eles podem estar falando algo durante a terapia de casal que é difícil, ou lamentando um padrão de comportamento frustrante. Mas, quando temos curiosidade, sem julgamentos, podemos geralmente traçar esse comportamento até uma estratégia que foi desenvolvida cedo para sobreviver a algo. E na época foi bastante inteligente. O mesmo, provavelmente, vale para você.

Todos nos adaptamos de alguma forma para chegar até aqui. Muitos dos modo como agimos hoje são, na verdade, adaptações. Essa novidade deveria estimular a autocompaixão. Você não gosta do jeito como faz algo? Questiona por que está sempre tão ansioso? Por que se fecha quando as pessoas demonstram grandes emoções? Por que é difícil para você confiar nos bons momentos? Tenha curiosidade, curiosidade mesmo. É provável que essas sejam adaptações que você desenvolveu porque eram necessárias para superar um momento difícil.

Estávamos agindo assim porque não sabíamos mais o que fazer com a nossa dor. A maneira de lidar pode ter criado mais dor, mas ela existia porque era o único jeito que conhecíamos de enfrentar a dor que estávamos sentindo.

Quando os clientes entendem que suas respostas para a ansiedade, a depressão e a paralisia os ajudaram a lidar com algo, é mais provável que se sintam mais capazes e tenham mais autocompaixão. Por exemplo, pesquisas mostram que clientes que aprendem que o transtorno de estresse pós-traumático (TEPT) era uma resposta compreensível para aquilo que viveram, ao contrário de um transtorno terrível, apresentam melhores resultados no tratamento. Da mesma forma, clientes que aprenderam que suas reações ao estresse eram positivas e poderiam ajudá-los a superar desafios sentiram mais coragem e alegria do que medo.

A maneira como rotulamos nossos comportamentos importa. Os mecanismos de enfrentamento que você aprendeu foram necessários. A terapeuta especializada em trauma Courtney Armstrong resume essa verdade quando se refere aos sintomas como "aliados". Eles estavam, e estão, tentando ajudar você.[67]

Preciso acrescentar que de modo algum estou minimizando as qualidades destrutivas que um ou outro mecanismo de enfrentamento possa ter em você e em outras pessoas na sua vida. Pelo contrário, estou sugerindo que você pode aprender mecanismos melhores de enfrentamento depois que se compreende e, se for o caso, perdoar a si mesmo pela maneira como lidou com algo quando não conhecia opções melhores. Agora que está aprendendo a nomear a sua dor, você tem outras opções.

Maya Angelou é famosa por dizer: "Faça o melhor que puder até saber mais. Depois, quando souber mais, faça melhor".

As estratégias que você deixa para trás

Imagine experimentar uma blusa da época que você tinha oito anos. Não é mais do seu tamanho, mas antes servia perfeitamente. Você mal consegue passar a cabeça pela gola. E os braços? Impossível. Não dá para negar que essa blusa não serve mais em você.

Costumamos usar estratégias para lidar com a dor que antes funcionavam mas não funcionam mais. Vamos expandir algumas das ideias que abordamos brevemente no Capítulo 6 sobre como sobreviver na família na qual você cresceu.

Eu me sentei com uma cliente que aprendeu a se apequenar o máximo possível para evitar ser criticada. Começou com os gritos e a culpa constantes que vinham de ambos os pais. Eles pareciam se revezar. Como resultado, ela parou de levantar a mão na sala de aula, mesmo quando sabia a resposta. Como um patinho, ela seguia qualquer pessoa que lhe mandasse fazer algo. Ela se enterrou tão profundamente dentro de si mesma que não tinha certeza se ainda estava ali dentro. Quando a conheci, ela estava profundamente deprimida, confusa e não fazia ideia do que queria, nem mesmo de como descobrir o que queria.

— As pessoas dizem "seja você" — ela me disse. — Mas eu não faço ideia de quem eu sou.

Tudo que não se encaixava nas expectativas de seus pais narcisistas se tornou uma possível ameaça de ser envergonhada por eles. Qualquer necessidade que ela tinha que não se encaixava nos planos deles era mais um motivo de humilhação. Ela se isolou tanto que era como uma sombra se esgueirando pelas paredes da casa deles, voltando silenciosamente para o quarto depois de vasculhar a geladeira procurando por algo para comer. Para sobreviver naquele ambiente, ela *precisava* desaparecer.

Agora que era adulta, essa estratégia não funcionava mais. Porém, ela não sabia como deixar de ser translúcida para ser opaca; como deixar de ser uma sombra para ser uma pessoa inteira. Ela acreditava de verdade que essa *era* a sua personalidade. Mas era o seu mecanismo de enfrentamento que precisava desaparecer, e não ela.

Às vezes nossos mecanismos de enfrentamento são nocivos, não só para nós mesmos mas para aqueles ao redor. Eu me sentei com uma cliente diferente, que tinha acabado de sair de uma terapia de casal com outro terapeuta. Ela me disse que seu parceiro estava exausto de seu perfeccionismo rígido e de suas críticas constantes. Ela chorou enquanto relatava o terror que sentia sempre que sua mãe chegava em casa, do medo que sentia da indiferença raivosa da mãe sempre que ela não correspondia às expectativas. Esse ciclo de raiva e indiferença teve um preço.

— Nada nunca era bom o bastante — ela afirmou sem rodeios. — *Eu* nunca era boa o bastante. — Na cabeça dela, isso era um pressuposto tão absoluto quanto a lei da gravidade.

E agora? Agora, ela nunca era boa o bastante *para si mesma*.

— Eu simplesmente não consigo parar. Não quero ficar obcecada com a casa, mas não sei como descansar. Isso me deixa ansiosa. Estou sempre exausta.

O maior luto dela, no entanto, era o quanto era dura com seu parceiro e com seus filhos.

— Sei que os estou magoando. Eu percebo. Sempre prometo a mim mesma que não vou fazer de novo. Mas faço — ela lamentou, sua voz carregada de arrependimento.

Por que ela estava fazendo algo do que se arrependia?

Porque os mecanismos de enfrentamento que usava na infância não se adequaram à sua vida adulta.

Ela aprendeu desde cedo a ser tão perfeita quanto pudesse para evitar a raiva da mãe e as constantes repreensões. Mas isso teve um custo.

Ela internalizou esse mecanismo de enfrentamento. Um medo profundo se enraizou dentro dela de ser qualquer outra coisa que não "a melhor", ou que qualquer pessoa que ela amasse fosse tudo menos a melhor. Enquanto crescia, ela se esforçava para ser perfeita a fim de se proteger. Mas essa estratégia não lhe era mais útil. Na verdade, essa estratégia machucava não apenas a ela como as pessoas que ela amava também.

É importante entender isto: *ela não é perfeccionista; ela tem medo*.

Começamos a descobrir qual seria o caminho dela de volta para casa aprendendo a identificar aqueles comportamentos com compaixão, compreensão e perdão. Ela havia precisado de uma estratégia na época; agora ela precisava abandoná-la.

Em sua defesa, ela tinha feito o que precisava para ser amada.

E você? O que *você* precisou fazer para ser amado?

Pode ser uma pessoa em específico ou talvez várias pessoas que lhe vêm à mente quando você pensa sobre se adaptar para ser amado. Pode ser um pai, um avô, um irmão, um amigo, um dos primeiros relacionamentos românticos. Provavelmente é uma pessoa com quem você tem uma história.

Uma coisa que precisamos saber sobre esses padrões é que costumamos globalizá-los.[68] Seguimos as mesmas regras que aprendemos em nossos relacionamentos fundacionais e as aplicamos a outros relacionamentos. É assim que o nosso cérebro trabalha para nos proteger.[69] Imagine que você tenha queimado a mão em um fogão que não sabia que estava quente. A sua mão pode se afastar por reflexo a cada vez que você se aproxima de novo de um fogão. O fogão pode nem estar quente, mas a sua mão se lembra.

Pense novamente naquela blusa que usava na infância. Ela pode ter servido perfeitamente quando você era pequeno, mas não serviria em você agora, serviria?

A sua estratégia criativa funciona do mesmo jeito.

Deixar para trás suas estratégias é um processo de muda, como perder a plumagem antiga. A sua velha cobertura era necessária antes, mas não lhe serve mais. Nós nos despimos dessas estratégias lidando com elas sob a perspectiva das nossas versões adultas, nomeando as dores que a criaram e depois agradecendo a elas por terem nos protegido.

Parte desse processo passa por nomear não só a sua dor como também as suas estratégias. Estratégias criativas das quais você precisou uma vez se tornam os padrões de enfrentamento que você usa hoje.

Vamos examiná-los em maior detalhes.

Qual é o seu estilo de enfrentamento?

Nenhum de nós chega à idade adulta sem dor. Consequentemente, criamos estratégias para lidar com ela. O terapeuta, professor, escritor e criador da terapia da restauração Terry Hargrave oferece um mapa organizado dos diferentes tipos de comportamentos de enfrentamento que costumam ser desenvolvidos juntamente com os diferentes tipos de dores que todos nós vivenciamos.

Você pode ter vivenciado um tipo de sofrimento que se correlacionava com a sua identidade, com o quanto você era ou não era amado. Ou com a sua sensação de segurança, com o quanto você sentia que poderia confiar nos outros. Ou ambos. Nós chegamos neste mundo fazendo duas perguntas: *Será que sou amado?* e *Será que estou seguro?* Essas perguntas nunca são respondidas perfeitamente. Mas, quando as respostas são "não", a dor pode ser tão excruciante que de alguma forma precisamos encontrar um jeito de lidar com isso.[70]

Estes são alguns mecanismos de enfrentamento mais comuns, de acordo com Hargrave:[71]

Culpa e vergonha: a culpa inclui comportamentos como se autocriticar, criticar os outros, sentir raiva e ira. É pegar a dor que você sente e encontrar algo para culpar os outros, o que significa escolher lutar como resposta entre lutar ou fugir.

Se a culpa é externalizada, a vergonha também é, assemelhando-se às respostas de fugir ou paralisar. É criticar e envergonhar a si mesmo como meio de lidar com a dor. Como o eu não consegue suportar o peso desses ataques autoinfligidos, o seu senso de identidade geralmente desaba em si mesmo.

Controle e escape/caos: comportamentos controladores que podem estar relacionados a você ou aos outros. Esse estilo se parece mais com uma resposta de luta. Pessoas que se tornam controladoras para poder lidar com algo geralmente sentem a necessidade de serem impecáveis para evitar julgamento ou críticas, o que está no cerne do perfeccionismo. Você controla para se sentir seguro.

Aqueles que lidam com algo usando a estratégia de escape e caos, que se parece mais com uma resposta de fuga ou paralisia, podem ter vícios como o vício em substâncias ou em gastar. Eles tentam escapar de seus sentimentos entorpecendo-os ou criando um caos em suas vidas como forma de distração. Podem se isolar e até chegar ao ponto de se dissociar.

Você identifica suas próprias estratégias de enfrentamento nesses exemplos?

Nomear os nossos comportamentos de enfrentamento nos ajuda a compreender melhor a nossa história. Contextualizamos nossos comportamentos quando os enxergamos como meios de lidar com a dor. Quando enxergamos por que desenvolvemos essas formas de enfrentamento, a nossa vida começa a fazer mais sentido. Como resultado, passamos a ter mais compaixão conosco.

Esse não é quem você é

Nós não nos perdemos apenas em nossas dores não nomeadas; nós nos perdemos em formas de enfrentamento não reconhecidas.

Quer dizer, até que aprendemos um jeito de fazer melhor.

Um dos meus filmes favoritos é *Moana*, em grande parte por causa de uma cena que descreve uma verdade melhor do que palavras poderiam descrever.[72] No final do filme, a jovem Moana recebe a missão de devolver o coração para Te Fiti, a deusa que teve o coração roubado. Por causa do roubo, o mundo estava morrendo lentamente, todas as plantas definhando.

O coração da deusa é uma pedra verde que Moana segura em suas mãos a uma ilha de distância.

Mas o terrível monstro, Te Kã, está bloqueando o seu caminho. O monstro tem forma de pedra craquelada com lava derretida por baixo. Ao ver Moana, ele se enfurece na ilha deserta que habita.

Sem medo, a corajosa menina entra no oceano que os separa. Quando faz isso, as águas se abrem, criando um caminho para ela. Moana caminha devagar, decidida, cantando baixinho enquanto se aproxima do monstro raivoso.

Quando chega perto dele, Moana, com compaixão, fala a verdade para o monstro:

— Esse não é quem você é.

Isso contém o avanço do monstro ameaçador. Enquanto ele escuta, ela diz:

— Você sabe quem é, quem *realmente* é.

Te Kã se abaixa, seu rosto agora perto do de Moana. A garota corajosa levanta a cabeça. Eles se conectam, tocando testas e narizes.

Moana devolve o coração para Te Kã, colocando-o em um lugar coberto de lava endurecida. De repente, Te Kã começa a se transformar. A lava esfria e vira pedra. A pedra se racha. E a deusa verde, Te Fiti, emerge lá de dentro, sua cabeça adornada com flores, suas madeixas feitas de vinhas. Quando sua mão toca a superfície de pedra embaixo dela, um verde luxuoso se espalha. Não só Te Kã se transformou como também tudo ao seu redor.

Em toda a sua dor, a bela e fonte de vida Te Fiti tinha se tornado o aterrorizante destruidor de vidas Te Kã. O meio que ela encontrou para lidar foi com raiva e fúria.

Mas o seu eu verdadeiro ainda estava lá, ainda era belo e cheio de vida.

O seu também está aí.

Todos nós nos tornamos uma versão de Te Kã quando o nosso coração é roubado pela dor. Esquecemos nosso nome verdadeiro. Podemos nos tornar irreconhecíveis em nossas formas de lidar com a dor.

Será que essas estratégias de enfrentamento estão mascarando o seu eu verdadeiro?

Se a resposta for sim, permita que eu lhe diga com toda a gentileza e compaixão que tenho:

— Esse *não* é quem você é.

PARTE 3

O RETORNO – VOCÊ NÃO É A SUA DOR

CAPÍTULO 14

EM QUE HISTÓRIA VOCÊ ESTAVA ACREDITANDO?

"Não desvie o olhar. Continue olhando para o lugar do curativo.
É por ele que a luz entra em você."

RUMI

ESTA É A PARTE DO LIVRO EM QUE EU DEVERIA LHE DAR *A SOLUÇÃO*, revelando a única coisa que ninguém mais sabe. *Surpresa*. Aqui está o segredo para curar todas as suas dores e resolver todos os seus problemas.

Mas eu não tenho nenhum segredo e desconfio de quem garante ter.

Anos atrás, ouvi um autor popular ensinar que um livro deveria apresentar um problema e em seguida resolvê-lo. Embora em alguns casos esse seja um modelo útil, geralmente é mal empregado. Pode ser considerado manipulativo prometer que um livro pode resolver coisas difíceis. É no mínimo enganoso e no máximo desonesto.

Como terapeuta, não acredito em soluções rápidas. Convivo de perto com dores reais. Meus pacientes e eu limpamos a bagunça que promessas desse tipo criam. A vida real é complexa demais para soluções simples. Esses truques não só são inúteis como prejudiciais, principalmente quando fazem uma pessoa que está sofrendo acreditar que ela é o motivo de não terem funcionado.

Livros e terapias são apenas ferramentas. Ferramentas eficientes, espera-se, mas não são a resposta para a vida. Não são poderosos o suficientes para isso.

Ao final de sessões particularmente intensas com clientes, costumo me ouvir dizendo algo como: "Infelizmente não existe um laço para embrulhar isso".

Às vezes trocamos uma risada de reconhecimento ou um cumprimento de cabeça sóbrio. Não é resignação, é validação.

Depois de admitir essa verdade, espero que eles fiquem com isso que quero dizer a você: a sua dor é sagrada demais para ter uma solução simples. Sua história é complexa demais. E você é importante demais para ter suas dores reduzidas a frases de efeito.

Portanto, não faremos isso.

Em vez disso, sentaremos juntos diante da complexidade da sua história. Vamos caminhar em direção à sua dor, entrar nela e a atravessar, e depois trabalhar para atingir a compreensão.

Não vou colocar um curativo no seu ferimento. Você merece mais que isso. Não haverá um processo bonitinho dividido em três etapas para resolver a sua dor. Com certeza não haverá um laço.

Por quê?

Porque existe um jeito melhor de fazer isso.

Com você

Na falta de soluções fabricadas, espero que você tenha aprendido a descer a rua na sua direção, a estar com a sua dor, não importa quão pequena ela seja, ou quão grave.

É esta a minha esperança na condição de terapeuta: imagino uma multidão de pessoas se recusando a se deixarem sozinhas com suas dores, descendo a rua na direção de si mesmas. Pode parecer uma revolução pequena, mas ver as pessoas caminhando na direção da sua dor é a personificação do amor.

Sem a permissão de ninguém, sem nenhuma figura de autoridade para validar sua história, sem aqueles que o magoaram para reconhecer a sua dor, você segue. Hesitante no início. E devagar. Depois você corre.

Na direção da dor.

A sua dor é o caminho de volta para casa. No entanto, preciso que você entenda que, quando descer aquela rua, não vai chegar com a solução perfeita. Você vai chegar para *estar* consigo mesmo.

Quando me sento com alguém em meu consultório e finalmente nomeamos o que essa pessoa vivenciou, nós não necessariamente resolvemos tudo. Nós descemos a rua, nos recusando a fazer um falso diagnóstico, a minimizar, a ignorar, ou a desviar o olhar. Nós nos aproximamos da dor e, portanto, da própria pessoa que a sente.

Reescrevendo a história

A sua dor precisa da sua presença. Precisa que você se abaixe, fique ali por um tempo, escute, recuse-se a desviar o olhar. Ao nomeá-la, você estará cuidando dela.

Porém, outras dores escreveram uma falsa história sobre você. Essas dores precisam que você reescreva essa história com mais precisão.

Imagine que, quando termina de descer a rua, você se vê tomado por um turbilhão de narrativas falsas. Naquele redemoinho de alegações falsas, talvez você ouça que não é digno de amor, ou que não tem valor, ou até mesmo que merece a dor que está sentindo.

Se você acreditou nessas narrativas, está na hora de reescrever a sua história. Praticamos fazer isso identificando aquilo de que sua dor vem chamando você.

Anos atrás, meu terapeuta me ensinou que existia um passo além de nomear a minha dor. Ele me ensinou a escutar o nome que ela tinha *me* dado.

Ele chamou esses nomes de minhas "crenças centrais".[73] Essas crenças coloriam tudo na minha vida; era quase como se eu estivesse usando óculos escuros. Em vez de acreditar que os óculos eram o problema, eu assumi que tinha algo de errado *comigo*. Nunca passou pela minha cabeça que aquela história poderia ser falsa. O mesmo se aplica a você.

Você se lembra da estratégia de ser o Sherlock Holmes da sua vida? A pena de escrever sobre a mesa no escritório nem sempre fica ali passivamente, esperando ser nomeada. Ela escreve histórias sobre você; histórias baseadas em inverdades. Aprender a voltar para casa, para quem você é, começa pegando aquela pena e corrigindo a sua história.

Quando começar, lembre-se...

Você não é quem a sua dor disse que era.

A história que a sua dor escreveu

Nossas crenças com relação ao que aconteceu conosco podem criar a maioria das dores. Se eu pudesse lhe dar um presente, seria a capacidade de ver a si mesmo como quem você realmente é.

Você *não* é o que aconteceu com você. Você *não* é a sua interpretação do que aconteceu com você. Você *não* é indigno de amor porque não foi amado do jeito certo. Você *não* é defeituoso por causa daquilo viveu. E você *não* é "outro" porque não foi aceito.

Essas são interpretações da sua dor. Geralmente a interpretação vergonhosa de qualquer experiência difícil pesa mais em nós do que a experiência em si. Imagino essas interpretações como o retroprojetor antigo da época que eu estava no ensino médio. A professora apagava as luzes da sala de aula, ligava a máquina e começava com uma folha de acetato transparente, escrevendo nela com um marcador. Em seguida, ela colocava outra folha em cima da primeira. Por causa daquela sobreposição, nós não conseguíamos mais ver a informação original.

A mesma coisa acontece com as nossas interpretações. Existe a experiência original, a primeira folha. Sobre ela está a interpretação que adotamos sobre nós mesmos a partir da experiência.

Essas crenças costumam ser silenciosas, até que você aprende a escutar para identificá-las.[74] Peço aos clientes que escutem o que sentem quando saem de uma reunião no trabalho ou de um compromisso social que não correu bem. O que passa pela cabeça deles a caminho de casa? "Sou exagerado"; "Eles nunca vão gostar de mim de verdade"; "Sempre estarei sozinho"; "Se eles soubessem quem eu realmente sou".

O padrão de crenças está ali; você só precisa procurar por ele. Talvez um exemplo ajude.

Na minha infância, pôsteres com ilusões de ótica estavam na moda. Eles eram um labirinto de padrões repetitivos, que não revelavam nada. Mas, se você virasse a cabeça no ângulo certo, ou olhasse de lado, uma figura tridimensional aparecia. A figura sempre esteve ali, mas você precisava saber como procurar por ela. O mesmo vale para as nossas crenças sobre nós mesmos. Elas estão bem na nossa frente, mas precisamos *aprender a* enxergá-las.

Identificando as narrativas da sua dor

Lembra daquelas perguntas? *Será que sou amado? Será que estou seguro?* De acordo com o dr. Hargrave, as respostas para elas informam tanto os nossos mecanismos de enfrentamento quanto as nossas crenças sobre a nossa identidade e o quanto nos sentíamos seguros em nossos relacionamentos.[75]

Quais são as mensagens que você recebeu sobre ser amado?

Quais mensagens você recebeu da sua família, seus amigos ou professores que foram colocadas sobre a sua verdadeira identidade, obscurecendo-a? Elas podem criar emoções primárias sobre a maneira como você se percebe. Elas respondem à pergunta: *Será que sou amado?*

As respostas para essa pergunta variam de acordo com cada pessoa, mas eis são algumas delas: *indigno de ser amado, não merecedor, insignificante, sozinho, sem valor, desvalorizado, defeituoso, inadequado, rejeitado, inaceitável, indesejável, abandonado, não apreciado, ignorado, inútil.*

Você se identifica com alguma delas? Qual é ou quais são as palavras dessa lista que nomeiam a história que distorceu a maneira como você enxergava sua identidade? Existem palavras que não estão nessa lista que são mais precisas para você?

Para além desses sentimentos com relação à sua identidade, existem aqueles sobre a sua segurança nos relacionamentos. Você era capaz de confiar nas pessoas? Os seus cuidadores eram confiáveis? Quem o decepcionou? Quem não o protegeu? Quais respostas recebeu para a pergunta "*Será que estou seguro?*"[76]

As respostas podem ter sido: *perigoso, usado, medroso, impotente, descontrolado, desconectado, traído, inseguro, incapaz de se igualar, desconhecido, incerto.*

Qual é a palavra ou quais são as palavras com as quais você se identifica? Sinta-se à vontade para acrescentar as suas próprias.

Encontrar essas palavras vai ajudá-lo a compreender a história na qual você acreditou sobre si mesmo. Quando acreditamos nessas narrativas de dor, costumamos nos encontrar lidando com algum tipo de culpa, vergonha, problemas de controle ou estratégias de fuga. Como é muito difícil escutar essas narrativas, você costuma colocar um comportamento de enfrentamento no lugar.

Por exemplo, as minhas narrativas são "eu sou ruim de alguma forma" e "não estou segura". O que eu faço quando me sinto assim? Pratico uma combinação de vergonha e ansiedade quando me sinto mal, e crítico os outros quando me sinto insegura. A narrativa da minha amiga produzia sentimentos que soavam mais como "sozinha" e "não sou boa o bastante". Quando ela sente essas coisas, passa a agir com raiva e na defensiva.

E você? O que *você* sente? E o que faz quando experimenta esses sentimentos?

Despertando

Nós não saímos por aí procurando por narrativas dolorosas nas quais acreditar. Infelizmente, não existe um narrador onisciente que acompanha a sua história, interrompendo quando você está interpretando suas experiências dolorosas de maneira incorreta. Não, em vez disso, algo acontece e você tira uma conclusão. Você provavelmente era uma criança quando tirou essas conclusões e provavelmente estava sozinho na hora. Essa conclusão costuma ser uma variação de "tem alguma coisa errada comigo".

Mas e se *não tiver* nada de errado com você?

Aprender a verdade sobre si mesmo é como despertar de um sonho ruim. Quando você acredita que a sua dor é fruto de algo que está errado com você, não há saída. Mas, quando desperta para a verdade, há esperança. Sim, talvez você esteja sofrendo, talvez precise de ajuda, ou de medicação, ou de mudar as escolhas que vem fazendo. Talvez existam coisas que você precise fazer diferente. Mesmo assim, você é digno de amor; você não é um erro, não está manchado e não é "outro". Isso não quer dizer que não tenha defeitos. Significa que o medo generalizado de que você é *completamente ruim* não é verdadeiro.

Então, vamos despertar desse pesadelo juntos.

Você precisava de uma resposta sobre por que se sentia mal, e a vergonha lhe ofereceu uma.

Mas não era verdade. Esta é a verdade: você não é ruim. Você não é um fracasso total.

Não há nada de errado com você. Nunca houve.

Esse não era o problema.

O problema era o problema.

Era só a sua conclusão sobre o problema que estava errada.

Se estiver prendendo a respiração, pode soltar agora. Isso vai se tornar uma prática para a vida toda. Ainda que nomeemos isso hoje, você retornará a isso de novo e de novo.

No próximo capítulo, vamos abordar o retorno para casa, para a verdade de quem você é por trás da dor, por trás dos mecanismos de enfrentamento e apesar das narrativas falsas.

CAPÍTULO 15

VOCÊ NÃO É A SUA DOR

"Chegará um momento em que, com euforia, você se cumprimentará ao chegar à sua própria porta, ao se olhar no espelho, e cada um sorrirá diante das boas-vindas do outro."

DEREK WALCOTT

É COMUM CHEGARMOS À IDADE ADULTA COM CRENÇAS não examinadas sobre nós mesmos; até que as colocamos sob a luz para enxergar melhor. Nós tínhamos acreditado nas narrativas que a dor escreveu porque não sabíamos o que fazer.

Mas agora podemos escolher. As narrativas da dor afastaram você de si mesmo com interpretações falsas. Escolher no que acreditar é se voltar para a verdade.

Vou dar um exemplo. Imagine o melhor lar que você já conheceu ou visitou. Se você não teve um lar amoroso, imagine o lar ideal. É um lugar para onde você anseia retornar, não é? Quando você está longe de um lugar que ama, você sente saudade de casa, daquele lugar. Ele oferece um respiro longe do resto do mundo, que nenhum outro lugar pode oferecer.

Você ensaia o momento do retorno. O barulho de boas-vindas da porta se abrindo. O lugar convidativo onde se senta. Aquela xícara favorita. Os estalos familiares do chão. Os sons abafados do lado de fora das janelas.

Caminhando pelo seu interior, você solta suas malas como se pesassem cem quilos. Esse lugar, ele o cumprimenta. Você respira fundo. Finalmente se sente aliviado daquela dor. Você está em casa. Você solta o ar.

O lar não é só um lugar físico, é também uma metáfora de quem fomos feitos para ser. É como uma música que sua alma só consegue cantarolar a melodia, porque há muito tempo esqueceu a letra. Voltar para casa é se lembrar daquela letra, percebendo, talvez pela primeira vez, que esse é o lugar feito para você viver.

— Mas o que me manteve longe por tanto tempo? — você pergunta. — Onde estive?

Você se perdeu, como todos nós nos perdemos. Como um soldado leal seguindo um líder incompetente que caminha na direção errada, você seguiu as narrativas da sua dor. Foi assim que se perdeu.

Mas agora você pode escolher.

Ainda há uma luz na janela, esperando você voltar para casa. A luz pode piscar, mas nunca se apaga. Mesmo que pareça fazer muito tempo que você não se sente em casa consigo mesmo, ela está lá.

Mesmo em momentos dolorosos, ela ainda está lá.

Separando quem você é da dor

Geralmente aprendemos alguma versão da noção de que a cura é a ausência daquilo que nos machuca. Ainda que possa haver um pouco de verdade nisso, é enganoso. Você pode sofrer enquanto se cura. Pode sofrer *e* sentir a presença e o amor.

Há mais liberdade quando separamos *quem você é* da dor do que quando se está livre da dor. Estou falando de separar quem você é de ter que estar livre de sintomas; quem você é de ser obrigado a se sentir bem o tempo todo. Às vezes não é tão simples assim.

Às vezes a cura acontece quando se diz "Eu acredito no meu valor, mesmo em meio a este sofrimento, mesmo sofrendo".

Esse tipo de cura reordena a maneira como você se vê. Ele o enraíza tão fundo que nenhum vento de dor que vier na sua direção ameaçará arrancá-lo do lugar. O seu valor é intrínseco, e está sempre presente, embaixo de tudo.

Identificar a verdade de quem você é tem mais nuances do que simplesmente ser "o seu eu verdadeiro". As pessoas costumam ficar confusas com essa ideia, e é compreensível. Algumas coisas nos mudam, outras tentam nos mudar mas não conseguem, e algumas partes de nós sempre estiveram ali e estão esperando para serem descobertas.

Esse é o respiro de escolher a verdade. Não é um discurso motivacional. Tem a ver com encontrar mais ar para respirar. É parecido com o alívio, com o retorno, com voltar para casa, com se lembrar da letra que você esqueceu.

Existem maneiras diferentes de conceitualizar quem você é, para além da sua dor. Estas são algumas delas:

Quem você é por baixo: pense na sua versão que existiu primeiro, por baixo de todas aquelas transparências que foram escritas sobre a sua dor, sobrepostas sobre o original no retroprojetor. Você sabe quais são; aquelas que foram exibidas para todo mundo ver. A sobreposição de narrativas pode ter obscurecido o seu valor, mas ela não pode apagá-lo. Remover essas sobreposições, uma por uma, vai revelar o seu eu *verdadeiro* que está por baixo.

A dor que você sentiu historicamente também pode parecer pesar sobre o seu peito. Não é incomum sentir o peso da dor, da depressão, da ansiedade ou do luto.[77] Mas você não é esse peso. O peso é válido; ele dói. Quem você é está embaixo desse peso.

Resgatar quem você era antes: esse processo de descoberta pode ser parecido com a ideia de se refamiliarizar com versões mais jovens de si mesmo.[78] Talvez essa ideia seja uma novidade para você, mas muitos modelos terapêuticos concordam que nossas versões mais jovens continuam dentro de nós. Resgatar versões anteriores de si mesmo não significa regredir. Significa pegar na mão de sua versão mais jovem que foi machucada, revisitando, nutrindo e resgatando essas partes suas que foram tiradas de você por outras pessoas ou por circunstâncias dolorosas.

Quem você se tornou apesar da dor: resiliência pode ser definida como a superação de dificuldades. É necessário um nível de flexibilidade mental, emocional e comportamental para superar coisas difíceis.[79] É importante não só nomear a dor, mas também perceber quem você se tornou apesar dela. Por exemplo, ao trabalhar com clientes que não foram bem cuidados por seus pais, podemos honrar o sentimento de competência que admiram em si mesmos ao mesmo tempo que honramos quem eles foram forçados a se tornar por causa da negligência.

Essa constatação o coloca como o agente da superação; permite que você honre o caráter que se desenvolveu em você. Fazer isso não é desmerecer nem enxergar um lado positivo nas nuvens que escureceram a sua infância. Pelo contrário, é honrar o grande milagre que você é hoje, apesar de quem ou do que tenha tentado derrubá-lo.

Foco no que é verdadeiro

Durante uma excursão na quinta série, visitei Washington, a capital dos Estados Unidos. Um dos lugares que conhecemos foi um órgão do governo que imprime dinheiro. Particularmente interessante era a máquina que produzia folhas de papel-moeda. Enquanto a máquina trabalhava, o guia tentou chamar nossa atenção para um momento filosófico inesperado. O que ele disse ficou comigo.

— Você sabe o que fazer para saber se uma nota de cem dólares é falsa? — ele perguntou. Agora estávamos interessados. — Você olha para uma nota verdadeira durante um dia inteiro e então vai saber identificar as falsas.

Cada um de nós tem um eu verdadeiro, ou um eu com um valor intrínseco, que é inegável, único e inalterado pela dor.[80] O caminho para reconhecermos esse valor é olhar para esse eu verdadeiro. O caminho para identificar o eu verdadeiro é passar tempo com a verdade de quem se é. Para que, quando uma história falsa circular sobre quem você é — e isso vai acontecer —, você possa encará-la com confiança e dizer "Não, essa versão é falsa".

Cada um de nós é feito com um valor intrínseco. Pense sobre isso assim: enquanto estou sentada aqui, posso olhar para baixo e ver meu coração pulsar em um lugar sensível do meu pulso, o que acontece quer eu esteja prestando atenção nisso ou não. Existe uma vida pulsando dentro de mim que eu não criei, não posso receber o crédito por ela. Ela existe quer eu esteja prestando atenção ou não.

O mesmo é verdade com relação ao *seu* valor intrínseco.

Ele existe, quer você reconheça ou não.

Encontrando a sua verdade

Embora todos compartilhemos valores intrínsecos, costumamos chegar a essa verdade de um jeito diferente.

Qual é a verdade norteadora única para a qual você pode retornar? Qual é o chamado para casa que só você pode ouvir, que só você pode responder? É útil especificar na sua linguagem. Existem maneiras diferentes de identificar essa verdade. Estas são algumas:

Reeducar a si mesmo: quando encontramos uma linguagem com a qual um cliente se identifica, empregamos a ideia de reeducar suas versões mais jovens. Aquele momento, por exemplo, no qual você precisou de um adulto amoroso que não esteve presente costuma ser quando algumas das narrativas de dor são escritas. Mas você é um adulto agora. Talvez não tivesse voz na época, mas tem voz agora. Se retornasse ao jovem que já foi, se abaixasse, colocasse o braço ao redor dele, o que você diria? O que ele precisaria ouvir naquela época? Abaixe-se e diga essa verdade para ele.

Eu me sentei com uma cliente que disse para sua versão mais nova que nunca mais a deixaria sozinha. Outra disse para sua versão mais jovem que tudo aquilo que a mãe tinha dito sobre ela não era verdade e que ela ficaria bem agora. Outro disse para si mesmo: "Você não é igual ao seu pai". Outra suspirou emocionada enquanto dizia: "Eu vejo você, você é importante e sempre foi importante".

O que Deus diz sobre você: como terapeuta, fui treinada para seguir o direcionamento dos meus clientes com relação a questões de fé. Assim, se meus clientes quiserem discutir sua fé, vamos discutir. Se foram feridos por uma comunidade religiosa, vamos destrinchar isso, com cuidado para usar um linguajar seguro. Se eles não praticam nenhuma fé, seguimos sem fé. Você sabe aonde quero chegar.

Quando se trata de encontrar uma linguagem para a verdade sobre quem você é, muitos clientes se voltam para sua fé. Eles se voltam para quem Deus diz que são e para a maneira como Deus os ama: um amor que vai além da nossa compreensão humana em seu escopo e alcance. É uma espécie de ancoragem para eles que ultrapassa e vai além das experiências dolorosas que tiveram com outros seres humanos. Deus é maior; a verdade é mais profunda. A verdade deles vem de um lugar que é mais profundo do que aquelas experiências podem chegar.

Vou seguir o seu direcionamento também. Se isso faz sentido para você, qual é a verdade com a qual você escuta Deus chamá-lo para casa? Se pudesse escutar a voz de um Deus amoroso falando com ternura com você naqueles lugares de dor, qual é a verdade que você escutaria?

Quem é você no seu melhor dia?: para alguns, tudo isso pode ser um exagero. Se a reeducação e a imagem de Deus são um pouco etéreas para você, tudo bem. Podemos nos encontrar onde quer que você se sinta mais confortável.

Outro modo de identificar a verdade sobre quem você é, independentemente da dor, é imaginar quem você é no seu melhor dia. Você sabe qual dia, quer seja uma experiência real ou imaginária. É o dia em que você acredita na mais pura e inalterada verdade sobre si mesmo e trata a si mesmo de acordo. Quem é essa pessoa? Qual é a verdade sobre ela?

Sempre retomo um exemplo que aprendi durante um treinamento.[81] Uma mulher que estava profundamente deprimida se lembrou de quem era no seu melhor dia. Aparentemente aquela mesma mulher anteriormente tinha decidido escalar e chegar ao topo de um pico incrivelmente alto. O terapeuta reencenou esse momento: a mão levantada, os pés na cadeira, igual ao que tinha acontecido na montanha. A cliente se juntou ao terapeuta, reencenando essa verdade. A sua conclusão? Ela continuava sendo aquela pessoa, não importava como se sentia hoje.

Sua vez: qual é esse momento para você? Algumas verdades que são norteadoras para muitas pessoas são: *sou amado, sou digno, sou importante, não estou sozinho, sou valorizado, tenho valor, sou precioso, sou adequado, sou aprovado, sou aceito, sou querido, sou apreciado, estou seguro, estou confiante, sou capaz, sou empoderado, estou protegido, estou conectado, sou competente, suficiente.*[82]

Você se identifica com alguma dessas palavras, ou com uma outra? Usando as sugestões dessa lista, reflita sobre o que é verdade para você. Escute aquilo que ouve.

A que palavra você retornará? Qual é a verdade que você escuta?

Siga essas verdades até em casa. A luz ainda está na janela, aguardando a sua chegada.

Prática experiencial

Quando comecei a escrever, recebi este conselho: "Você melhora a sua escrita escrevendo, então escreva". Além de irritante, isso também era inaceitável para mim, porque eu queria já chegar sendo uma escritora pronta, como um belo bolo. Em vez disso, cheguei como um bolinho cru, massudo e precisando de mais tempo no forno.

Para mudar de metáfora, é como quando uma criança fica frustrada porque não consegue jogar basquete bem sendo que nunca passou tempo treinando cestas. Uma bobagem, certo? Mas nós fazemos isso praticando a verdade sobre quem somos. Queremos sentir o nosso valor tudo de uma vez e acabar logo com isso. Queremos ter um único momento de sabedoria e ser um bolo totalmente assado. Mas nenhuma mudança acontece assim.

A mudança acontece aos poucos. E sabe qual é a boa notícia? Mudar o que você acredita sobre si mesmo é uma possibilidade científica. Nosso cérebro é capaz de mudar, o que em muitos aspectos é o que vivenciamos durante o processo de cura. Nosso cérebro pode mudar, se adaptar e se reorganizar. Isso se chama neuroplasticidade.[83]

Isso dá esperanças para que você mude como se sente sobre si mesmo com base em evidências científicas. Você não é refém daquilo em que o seu cérebro costumava acreditar. A sua história ainda está sendo escrita, assim como as narrativas que você assume sobre quem é. Estamos sempre sendo recriados por aquilo em que acreditamos.

A cura é praticada, ela não é um destino.

Você pratica uma forma de se enxergar por meio de narrativas de dor desde sempre, provavelmente desde aquele evento em que começou a escrevê-las. Agora, você também precisa praticar acreditar no valor de quem você é e no valor que pulsa dentro de você. Você precisa praticar para acreditar. Substitua as narrativas de dor que você identificava pela verdade que está nomeando. Quando essas falsas narrativas ressurgirem, lembre-se da verdade.

Pratique vivê-la.

E *continue* praticando.

Sempre esteve presente

Em uma das minhas músicas favoritas, "Rainbow" (Arco-íris), de Kacey Musgrave, ela descreve o arco-íris sobre a cabeça de alguém.[84] Mas esse alguém não sabe que ele está lá. A pessoa anda com uma sombrinha, sem ter consciência da beleza radiante que se arqueia sobre ela. Muito tempo depois de a chuva acabar, continuamos andando com nossa sombrinhas aberta. Sem saber que estamos cobertos por essa beleza sem igual, perdemos a oportunidade de ver quem realmente somos.

Os arco-íris se formam mesmo com a chuva, mas também é verdade que eles permanecem no céu por um longo tempo depois que a chuva acaba. O mais milagroso é que eles sempre existem dentro da água. Os componentes que produzem o arco-íris estão contidos em cada gota de chuva. É a luz que passa pela água e a atravessa que produz o arco-íris. O processo revela o que já estava ali.

O mesmo vale para você.

A verdade não é que a dor revela a sua beleza, e sim que a dor não pode impedir sua beleza de ser revelada.

CAPÍTULO 16

OBSERVAÇÕES PARA A JORNADA

"Não é pensando que você encontra o caminho para um novo jeito de viver. É vivendo que você encontra um novo jeito de pensar."

HENRI NOUWEN

QUANDO ERA PEQUENA, EU TINHA UM SONHO RECORRENTE. Nesse sonho, eu estava em uma trilha dentro da mata atrás do nosso quintal, caminhando para longe de casa e para dentro da mata. Eu me sentia perdida; não sabia qual direção seguir. O caminho mudava ou se tornava menos óbvio e eu parava. E então acordava.

O sonho permaneceu comigo durante toda a minha vida. Não era assustador nem mesmo interessante. Mas *era* vívido. Eu sentia minhas emoções no sonho com clareza. Até mesmo enquanto escrevo hoje, consigo visualizar aquela trilha e aquela mata.

Não sou especialista em análise de sonhos, mas o que chama a minha atenção hoje, já adulta, é que havia uma alternativa que não me ocorreu. Quando ganham perspectiva, as coisas podem parecer diferentes. Atrás de mim, a casa em que cresci estava fora do meu campo de visão, bem como o trepa-trepa verde que meu pai construiu. Eu poderia me virar e voltar pelo caminho até a minha casa, até chegar ao trepa-trepa enferrujado, e continuar andando para encontrar a grama verde na qual costumávamos esconder ovos de Páscoa. Depois de passar por ela, chegaria ao pátio de cimento que levava até uma porta de vidro de correr que dava acesso à minha casa.

No sonho eu estava tão perto. Eu só precisava caminhar pela história do dia a dia da minha vida para voltar para casa. Eu estava quase lá; só precisava me virar e enxergar.

Encontrar o seu caminho de volta para casa, para você, não é necessariamente dramático. É claro que pode ser também. Mas quase sempre basta se virar e caminhar de volta pela história da sua vida. Nesse processo, você caminha pela dor, recolhendo e resgatando o que foi descartado, mesmo que o que tenha sido descartado seja você.

Isso não é algo que fazemos apenas uma vez. É algo para que retornamos de novo e de novo sempre que nos perdemos. A dor nos fará desejar correr. É um impulso compreensível. Mas a resposta pode não estar no caminho incerto diante de você. Ela pode estar em se virar e resgatar a sua história.

Eu me sentei com uma de minhas melhores amigas em um restaurante para tomar café da manhã esta semana. Estava grata pela parede em um dos lados da nossa mesa e pelo garçom gentil que seguiu em frente quando viu minhas lágrimas. Eu tinha pedido à minha amiga para ler partes do meu livro e me encontrar para conversar sobre elas. Ela é uma terapeuta brilhante e eu queria saber sua opinião sobre os meus conselhos terapêuticos. Mais do que isso, eu queria saber o que ela achava sobre eu compartilhar a minha história. Perguntei a ela: "Como será escrever isso e seguir a vida?".

Ela sabia grande parte da minha história, mas não toda. Isso porque eu não sofro mais com as mesmas coisas que sofria anos atrás, mas ainda assim me lembro da humilhação que senti durante a adolescência quando contava aos outros sobre isso, em minhas tentativas de receber ajuda.

Dessa vez é diferente. Existe um sentimento de apropriação que surge quando você compreende a sua história.[85] Existe alívio em ter nomes para a sua dor. Nesse processo você resgata a sua história das narrativas repletas de vergonha que a sobrepõem. Você para de desmerecer suas experiências válidas; sente-se mas alinhado consigo mesmo e com a sua jornada única, mesmo que ainda doa.

É a falta de compreensão que faz com que nos percamos.

É encontrando compreensão que voltamos para casa.

Por isso, minhas lágrimas durante o café da manhã eram diferentes. É claro que minha história é vulnerável. Mas é minha. Eu senti alívio. Senti gratidão por ter encontrado nomes para minha dor todos aqueles anos atrás.

Senti um abraço da minha versão mais nova e tudo o que ela carregou. Eu me senti encontrada.

A minha amiga nomeou o que eu já sabia mas que precisava falar. Estar confortável com a sua dor permite que você abra espaço para a dor dos outros. Algo acontece quando você nomeia e abraça a sua própria dor.

E uma porta se abre.

Há mais espaço aqui agora

Quando você abre espaço para todas as suas experiências, também abre espaço para os outros. O espaço que você cria para si mesmo cria um acolhimento para os outros. Empatia gera empatia; compaixão gera compaixão.[86] Quanto mais confortável você ficar com as partes difíceis da sua própria história, mais confortável ficará com as partes difíceis das histórias dos outros.

Quando pensamos naqueles com quem nos sentimos confortáveis para contar nossas histórias difíceis, geralmente são aqueles que parecem estar confortáveis com as próprias histórias. Você deve ser capaz de se sentar com a dor em sua própria vida para que possa se sentar com a dor na vida das outras pessoas. Nós encontramos um novo tipo de ternura por aqueles que enfrentaram as mesmas perdas. Geralmente é um presente inesperado, que não se limita àqueles cujas experiências são parecidas com as nossas. Nossos corações se abrem e abrem espaço para as histórias que não são parecidas com as nossas. Não tememos mais a dor dos outros; não participamos mais da sua negação. Nós abrimos os olhos para ver a dor que se parece ou não com as nossas. O acolhimento em nós cria acolhimento para os outros. Só essa mudança já é capaz de curar. A vida terá dor, mas é o que fazemos com ela e uns com os outros nos momentos de dor que conta. A dor pode ser um convite para encontrar a cura. Se a cura não for possível, pode ser um convite para estarmos uns com os outros na dor, nos recusando a desviar o olhar. O simples fato de estarmos juntos já propicia alguma cura. Continue abrindo espaço para a dor. Um dos meios de nos encontrarmos e encontrarmos uns aos outros é em nossa dor. Eu espero que você se sinta encontrado. Espero que também ajude os outros a se sentirem encontrados.

Siga em frente

Quando se sentir encontrado, você aprenderá a confiar em si mesmo cada vez mais. Como terapeuta, vejo o culto à personalidade que gira em torno de pessoas em profissões de cura. Quer seja um escritor, um palestrante, um líder de fé, um fenômeno das redes sociais, o foco pode estar em alguém como proprietário de um conhecimento especial. Não acredito nisso e ponto-final. No centro de qualquer trabalho de cura está um aumento e um retorno para a prática de confiar em si mesmo, não em uma transferência dessa confiança para outra pessoa.

Costumo dizer para meus clientes que estou tentando "me tornar desnecessária", no sentido de que, se estiver fazendo o meu trabalho direito, a necessidade da minha presença em seu processo se tornará menos importante. À medida que eles internalizam a verdade que estão descobrindo, a necessidade da minha ajuda se tornará menor. Espero que minha presença no cenário fique cada vez menor até que seja apenas um pontinho distante. Em vez disso, espero que a beleza de compreenderem a si mesmos, e a reunião consigo mesmos, preencham a tela.

Espero me tornar desnecessária neste livro também.

Ao longo deste livro, não nomeei cada dor que você possa ter vivenciado. Mas espero tê-lo ajudado a entender a importância de encontrar esse nome.

Não faço promessas com frequência. Tenho muitas restrições para mim mesma com relação a elas. Isso se deve em grande parte ao fato de estar ciente da devastação que as promessas quebradas criam. No entanto, posso lhe prometer uma coisa:

Existe um nome para a sua dor.

Ele existe, mesmo que você não o tenha encontrado ainda. Quando encontrá-lo, ele vai abrir novos caminhos para que você conheça, ame e ajude a si mesmo. Ele não vai resolver as dificuldades, mas vai ajudar você a encontrar a linguagem certa para lidar com elas.

É um alívio compreender. Às vezes pode mudar tudo sobre a maneira como você navega pela sua dor. Continue até encontrar mais compreensão. Enquanto tento me tornar desnecessária neste livro, eu gostaria de deixá-lo com algumas observações para a jornada diante de você.

Uma prática e uma postura

Nomear a sua dor não deveria se limitar a ler este livro. Funciona melhor, acredito, como uma prática de vida. Você pode honrar a verdade da sua experiência todos os dias, não importa o quanto ela seja complicada. Recuse-se a abandonar a si mesmo. Recuse-se a repetir os diagnósticos errados ou os desmerecimentos que encontrou pelo caminho. Nomear a sua dor é parecido com dizer: "Isso doeu *de verdade*" ou "Ainda estou triste" ou "Essas discussões familiares são muito destrutivas para mim" ou "É importante *sim*" ou "Estou com muita raiva" ou "Aprendi que isso é um gatilho para mim" ou "Isso não está certo e eu não concordo".

Nomear a sua dor pode ser como "viver até encontrar um novo jeito de pensar", como diz a citação no início deste capítulo. A sua escolha de honrar suas experiências muda a maneira como você interage com a sua vida. Isso é diferente do que fomos ensinados a praticar. É a personificação da autocompaixão.[87]

A postura da autocompaixão é a de se abaixar em direção a si mesmo, como você faria com uma criança machucada, e escutar em vez de julgar. Prestando atenção. Perguntando o que dói. É como descer a rua até você; é como prestar atenção em você, mesmo que seja o único que está prestando atenção, sabendo que é normal ter dificuldade. É como ser abraçado em seu momento de necessidade em vez de ser abandonado. É doloroso ser humano. É irrealista esperar algo diferente disso. Todos sofremos, quer reconheçamos isso ou não. Faz bem dizer isso em voz alta. Na incapacidade de resolver a experiência humana, uma compreensão correta do seu sofrimento pode ser a fonte de alívio.

Se você se perder

Quando se é criança, os adultos dão instruções importantes sobre o que fazer quando você se perder. Geralmente é alguma versão de: vá até o último lugar que você reconhece e espere. Não saia, nem se distancie mais, nem tente encontrar o caminho sozinho. Volte. Fique. Espere.

A sabedoria diz que é mais provável que você seja encontrado no último lugar que visitou; e que é menos provável que você seja encontrado se seguir tentando, sem direção, encontrar seu caminho de volta. É contraintuitivo esperar quando você se sente perdido. E contraintuitivo ficar quando você quer ir. E é contraintuitivo voltar para o lugar onde você se perdeu.

Quando você se perde já adulto, as instruções são as mesmas. Volte para o último lugar do qual se lembra. Mais especificamente, volte para o lugar onde dói. Volte para o último lugar que você sabe que está doendo, porque esse pode ser o lugar onde você se abandonou. Também pode ser o lugar onde você se encontrará. Voltar para aquele lugar pode ser o meio de encontrar seu caminho de volta para casa.

Quem é que termina um livro aconselhando você a voltar para onde dói? (Levantando a mão devagar aqui.) Por quê? Porque as pessoas sofrem durante muito tempo sem receber ajuda. O primeiro passo para encontrar a ajuda de que você precisa é cuidando da sua dor. Todos nós, instintivamente, fugimos da dor. Mas nós raramente sabemos do que estamos fugimos, ou, consequentemente, para onde estamos fugimos. Quando fugimos da dor, estamos fugimos de nós mesmos. Quando se perder, seja por um momento, um dia, uma semana, um ano, volte para último lugar onde doeu. Por quê? Porque quando fugimos não aprendemos o nome da dor. E uma dor não nomeada é muito mais assustadora do que uma dor que você compreende. Lembre-se: para conhecer uma coisa é preciso nomeá-la, e dar um nome é o primeiro passo para cuidar do que quer que seja.

Quando se perder, pergunte a si mesmo: onde está doendo?

Quando você começa por lá, pode começar a encontrar seu caminho de volta para casa. Coragem: a distância pode não ser tão grande quanto parecia.

A sua história ainda está sendo escrita

O que me dá esperança são todas as histórias com as quais tive a honra de me sentar. A história que aparece na terapia não é onde ela termina. A dor traz as pessoas, mas ela não tem a palavra final.

Nosso cérebro geralmente para na parte difícil da história. Mas eu fui treinada a perguntar: *o que aconteceu depois?*[88] Essa não é uma pergunta do tipo "antes e depois". É um convite para estar com você na próxima parte da história. A próxima parte de sua história é a sua presença nela e a sua compreensão dela. É resgatá-la e retornar para si mesmo.

Espero que você tenha sentido minha presença com você neste livro. E espero que você leve a sua própria presença com você. A dor precisa de um ouvido *e* de uma mão. Você merece esse tipo de cuidado.

Por fim, a sua história ainda está sendo escrita, ainda está se desenrolando, ainda está revelando coisas sobre o seu eu mais verdadeiro. Eu gostaria de deixá-lo com estas palavras:

Espero que você se sinta abraçado enquanto continua a sua jornada.

Espero que os pedaços do seu coração que foram expulsos da ilha conheçam o verdadeiro pertencimento.

Espero que os lugares nos quais você se sentiu completamente perdido revelem um caminho silencioso adiante.

Espero que as coisas que você teve medo de dizer em voz alta encontrem um lugar seguro para serem ouvidas.

Espero que as coisas das quais você se arrepende encontrem uma mão amorosa do perdão sobre o seu ombro.

Espero que as partes rejeitadas do seu coração encontrem o calor profundo e duradouro do acolhimento.

Espero que o luto que você carregou sozinho possa ser carregado pelos outros que estão viajando com você.

Espero que as coisas que você achou que precisava esconder sobre si mesmo conheçam o alívio de serem reveladas.

Espero que as suas partes que sentiram que não poderiam seguir em frente encontrem vida pulsando dentro delas.

Espero que a verdade sobre quem você é se torne mais profundamente enraizada do que seus medos.

Espero que a dor que você não conseguiu nomear encontre uma presença amorosa e compreensão.

Espero que as partes de você que se sentiram sozinhas em sua dor possam ser cercadas de amor.

Porque o amor resgata o que foi abandonado.

O amor nunca deixa você sozinho.
O amor o leva de volta para casa.
Espero que isso aconteça para você.

Com você,
Monica

AGRADECIMENTOS

A cada ouvinte do podcast e a cada leitor da newsletter e do Instagram, obrigada. Nós apostamos em alguém quando interagimos com o seu trabalho, e sou grata por você ter apostado em mim. Obrigada por estarem nessa jornada comigo. Este trabalho foi feito pensando em você e para você. Espero que você se sinta visto e apoiado ao longo da leitura.

A cada pessoa que rezou por este livro, por mim e por seus futuros leitores, obrigada. A cada pessoa que me incentivou, família e amigos, obrigada.

Mais especificamente, eu gostaria de agradecer a:

Chad, você me fez sentir como se tivesse algo interessante para dizer antes que qualquer outra pessoa se importasse. Muito obrigada.

Keely, obrigada por acreditar em mim. A sua presença constante durante este processo foi uma âncora muito importante. Sou muito grata a você.

Ken, você acreditou na minha voz quando a esperança era pequena. Você me ajudou a ouvi-la novamente, e eu segui o som dela ao longo de todo o caminho de volta para casa. A sua paciência e compromisso em me ajudar a dar vida a este livro são um presente que eu espero retribuir ao continuar escrevendo. Sei que não deveria misturar metáforas, mas não pude evitar. Muito obrigada.

Sandra, obrigada por constantemente criar um espaço seguro para mim durante este período e por me ensinar a fazer isso por mim mesma.

Cha, quando a oportunidade me rejeitou, você me disse “eles são pequenos demais para você”. Fico feliz de tê-la escutado e sempre me sinto melhor depois de escutar você.

Tasha, você me escutou com doçura quando li, nervosa, meu primeiro capítulo — e novamente depois que o reescrevi. Foi na segurança do seu acolhimento que encontrei coragem para seguir escrevendo. E é ali que sigo encontrando até hoje.

Kim, você é a personificação do apoio, do amor e da lealdade. Seu cuidado contínuo é uma âncora pela qual sou muito grata durante esse período. Nathan, você me surpreendeu com um brinde por terminar o meu manuscrito, e essa pessoa é quem você tem sido para mim. Você presta atenção e incentiva, muito obrigada. Agradeço aos dois por apoiarem constantemente nossa família durante as dificuldades inesperadas deste período.

Patty, a sua crença em mim me ajudou a acreditar em mim mesma. Muito obrigada por me ajudar a sentir que tenho algo a dizer. Sempre quero saber o que você acha. Muito obrigada por me amar durante os detalhes diários intrincados desta jornada. Você esteve presente a cada passo do caminho. Você sempre me encorajou, principalmente quando eu queria desistir.

Katie, você ama as pessoas de um jeito que revela o melhor delas e coloca todos em destaque. Comigo não é exceção. Você é sempre segura de um jeito que me faz sentir mais segura neste mundo grande, o que me ajudou a criar. Você sempre me faz sentir que o que eu digo é importante, e isso me deu asas. Steve, sei que você não gosta de elogios, então não leia esta parte: você é meu irmão e me fez sentir que eu poderia atravessar uma parede quando eu queria desistir. Eu me sinto melhor neste mundo sabendo que podemos contar com você. Agradeço aos dois por nos levantarem quando a vida nos atingiu com força nos últimos meses.

Becky, a sua amizade me faz sentir menos sozinha no mundo e é uma segurança com a qual eu conto. Você é uma das minhas estrelas norteadoras. Sempre que estou preocupada ou insegura, é com você que eu quero conversar. Este livro não foi exceção. Muito obrigada por acreditar nele por mim quando eu perdi a esperança. Muito obrigada por se importar demais com este livro e por se importar demais comigo. Você me fez sentir menos sozinha, e eu contei com a sua fé quando perdi a minha.

Kelli e Michael, muito obrigada por se interessarem, por sempre perguntarem e por se importarem com este livro. Muito obrigada por se importarem comigo, com Mark e com os nossos filhos durante todos os obstáculos difíceis e inesperados que encontramos durante este período. Eu fui muito grata por isso e continuo sendo.

David, meu irmão mais velho, eu amo você. Sempre quis fazê-lo rir quando era pequena, mas eu realmente só queria deixá-lo orgulhoso. Acho que não parei de querer isso.

Mãe, quando eu era pequena, me perguntei por que você lavava as suas mãos do jeito que lavava. Você olhou para mim e refletiu: "Bom, por que você lava as suas mãos do jeito que lava?". Muito obrigada por ter sido minha primeira professora sobre como complicar a minha linguagem e a minha perspectiva. Obrigada por sua crença feroz em mim e na minha escrita.

Papi, eu me lembro de você trabalhando por horas e horas nos seus projetos e livros. Eu me lembro do *abuelo*, Casimiro, escrevendo por horas e horas na mesa de jantar. Eu entendo agora. Espero ter deixado vocês dois orgulhosos. Muito obrigada por torcer e por acreditar em mim.

Meus filhos:

Lily, a sua sabedoria sempre foi além da sua idade, e o seu coração é mais terno do que o seu entorno. Tenho muita sorte de ser sua mamãe e de passar tempo com você.

Ollie, você me disse que não posso esperar que você acredite em si mesmo se eu não acreditar em mim com relação a este livro. Você está certo; eu acredito em você e amo o seu coração atencioso.

Emma, os seus passinhos fazem tanto barulho quanto os do seu pai. O seu canto poderoso preenche nossa casa desde que você era pequenininha e foi o som de fundo durante a escrita deste livro. Você é o meu pequeno raio de sol.

Eu amo vocês mais do que estas palavras podem expressar. Nem acredito que tenho o privilégio de ser mãe de vocês. Muito obrigada por terem tido paciência comigo durante este período. A única coisa na qual espero acertar? Em amar vocês o melhor que eu puder.

Mark, você é a personificação da força gentil. Ser amada por você mudou a minha vida. Você é o meu melhor amigo, e eu sempre quero estar onde você está. Por cada café, cada conversa, todas as vezes que você me deixou chorar e desistir, muito obrigada. Você é a história dos bastidores. O seu apoio e crença incondicional em mim me fizeram corajosa. Eu amo você.

AGRADECIMENTOS

Ao meu Deus que me encontrou em minha dor: Você é a minha força, minha estrutura, meu refúgio, meu conforto e meu guia. Eu não estaria aqui sem Você. Todo o meu trabalho é um *agradecimento a Você.*

NOTAS

Capítulo 1

1 International OCD Foundation, "What You Need to Know About Obsessive Compulsive Disorder." Disponível em: https://iocdf.org/wp-content/uploads/2014/10/What-You-Need-To-Know-About-OCD.pdf. Acesso em 24 abr. 2025.

Capítulo 2

2 Adaptação da definição de vergonha de Brené Brown em *A coragem de ser imperfeito*. Rio de Janeiro: Sextante, 2016.

Capítulo 3

3 "Raramente, ou nunca": "Brené Brown falando sobre Empatia" (YouTube, 10 dez. 2013). Disponível em: https://www.youtube.com/watch?v=1Evwgu369Jw&t=142s. Acesso em 24 abr. 2025.

4 A definição de *gaslighting* foi adaptada do Dicionário *Merriam-Webster* (2023). Disponível em: https://www.merriam-webster.com/dictionary/gaslighting. Acesso em 24 abr. 2025.

5 "Tendência a usar noções espirituais": WELWOOD, John. *Toward a Psychologyof Awakening: Buddhism, Psychotherapy, and the Path of Personal and Spiritual Transformation* (Berkeley, CA: Shambhala, 2002), pp. 12-13.

Capítulo 4

6 Para ver a definição de experiência emocional corretiva, consulte o Dicionário de Psicologia da Associação Americana de Psicologia — *APA Dictionary of Psychology*. Disponível em: https://dictionary.apa.org/corrective-emotional-experience. Acesso em 24 abr. 2025.

7 Análises que corroboram a importância de relacionamentos nos quais nos sentimos seguros podem ser encontradas nos seguintes trabalhos: BENAZZO, Maurizio e BENAZZO, Zaya, editores. *The Wisdom of Trauma: A Journey to the Root of Human Pain and the Source of Healing, with Dr. Gabor Maté*. Originalmente publicado em Science and Nonduality (The Hive Studios, 2021).

Para ver o documentário, acesse: https://thewisdomoftrauma.com/ (1h27min.). BROWN, Brené, *A coragem de ser imperfeito*. Rio de Janeiro: Sextante, 2016.

8 Para saber mais sobre a importância de escutar o próprio corpo, veja o livro de Hillary L. McBride, *The Wisdom of Your Body: Finding Healing, Wholeness, and Connection Through Embodied Living* (Grand Rapids: Brazos Press, 2021), p. 13.

9 "Pesquisas em neurociência mostram": VAN DER KOLK, Bessel, *O corpo guarda as marcas: Cérebro, mente e corpo na cura do trauma*. Rio de Janeiro: Sextante, 2020.

Capítulo 5

10 "Nomear uma coisa": Marcie Alves Walker em sua newsletter, "Black Eyed Stories," compartilhado aqui com a permissão dela. A newsletter está disponível em https://blackeyedstories.substack.com/. Acesso em 24 abr. 2025.

11 Para uma definição útil de regulação emocional, consulte o Dicionário de Psicologia da Associação Americana de Psicologia — *APA Dictionary of Psychology*. Disponível em: https://dictionary.apa.org/emotion-regulation. Acesso em 24 abr. 2025.

12 "Nomeie para dominar": SIEGEL, Daniel. *The Mindful Therapist: A Clinician's Guide to Mindsight and Neural Integration* (New York: W. W. Norton, 2010), pp. 188- 189. Veja também o vídeo de Dan Siegel no YouTube, "Name It to Tame It", de 8 dez. 2024. Disponível em: https://www.youtube.com/watch?v=ZcDLzppD4Jc. Acesso em 24 abr. 2025.

13 O entendimento sobre a estrutura e o funcionamento do cérebro vieram dos seguintes livros: SIEGAL, Daniel. *O poder da visão mental: O caminho para o bem-estar*. Rio de Janeiro: BestSeller, 2012; SIEGAL, Daniel. *A mente em desenvolvimento: Como os relacionamentos e o cérebro interagem para moldar quem somos*. São Paulo: nVersos, 2024.

14 Imaginar um animal assustador foi a forma como fui treinada a ensinar sobre o cérebro, com base em Siegel, que usa uma cobra para ensinar sobre o assunto em seu livro *O poder da visão mental*. Terry Hargrave usa um uso para ensinar sobre isso em seu livro com Sharon Hargrave, *5 Days to a New Self* (United States: Cenveo-Trafton, 2016).

15 O cérebro integra tanto o lado esquerdo quanto o direito, bem como as regiões superiores e inferiores; neste capítulo estamos focando principalmente a reintegração "de cima" e "debaixo". Essa noção é ilustrada no vídeo "Dr. Dan Siegel's Hand Model of the Brain", de 9 ago. 2017. Disponível em https://drdansiegel.com/hand-model-of-the-brain/. Acesso em 24 abr. 2025. Também pode ser encontrada em SIEGAL, Daniel e BRYSON, Tina Payne. *O cérebro da criança: 12*

estratégias revolucionárias para nutrir a mente em desenvolvimento do seu filho e ajudar sua família a prosperar. São Paulo: nVersos, 2015.

16 A noção de integração do cérebro é atribuída a Daniel Siegel em seu livro *The Mindful Therapist*, p. 228.

17 O termo "janela de tolerância" é atribuído a Dan Siegal, e os conceitos apresentados neste capítulo foram embasados pelos seguintes livros: SIEGAL, Daniel. *A mente em desenvolvimento*; ARMSTRONG, Courtney. *Rethinking Trauma Treatment: Attachment, Memory Reconsolidation, and Resilience* (New York: W. W. Norton, 2019), 52-53; SIEGEL, Daniel. *The Mindful Therapist*, p. 52, 205.

18 Para saber mais sobre a importância da duração da exalação na respiração, veja o livro de Emily Nagoski e Amelia Nagoski: *Burnout: O segredo para romper com o ciclo de estresse*. Rio de Janeiro: BestSeller, 2020.

19 Para saber mais sobre o suspiro cíclico, veja os seguintes trabalhos: Hadley Leggett. "Cyclic Sighing" Can Help Breathe Away Anxiety, 9 fev. 2023. Disponível em: https://scopeblog.stanford.edu/2023/02/09/cyclic-sighing-can-help-breathe-away-anxiety/. Acesso em 24 abr. 2025; Andrew Huberman, Ph.D. "Cyclic Breathing For Beginners: Guided Breathwork by Andrew Huberman", 25 fev. 2023. Disponível em: https://www.youtube.com/watch?v=P2rg7c0EQoE. Acesso em 24 abr. 2025.

20 O impacto da movimentação física na regulação emocional é corroborado por SIEGAL, Daniel e BRYSON, Tina Payne. *O cérebro da criança*, e NAGOSKI, Emily e NAGOSKI, Amelia: *Burnout: O segredo para romper com o ciclo de estresse.*

21 Um treinamento similar ao que aprendi relacionado à técnica de abraçar-se de Peter Levine pode ser encontrado em "Treating Trauma: 2 Ways to Help Clients Feel Safe, with Peter Levine". 2 jun. 2017. Disponível em: https://www.youtube.com/watch?v=G7zAseaIyFA. Acesso em 24 abr. 2025.

22 O abraço borboleta para estimulação bilateral foi criado e desenvolvido por Lucina Artigas durante o seu trabalho com os sobreviventes do Furacão Pauline em Acapulco, no México, em 1998. É uma terapia DRMO (Dessensibilização e reprocessamento do movimento ocular). Para saber mais sobre o assunto, veja o artigo de Luciana Artigas e Ignacio Jarero, "The Butterfly Method for Bilateral Stimulation," EMDR Foundation, set. 2014. Disponível em: https://emdrfoundation.org/toolkit/butterfly-hug.pdf. Acesso em 24 abr. 2025.

23 Para saber mais sobre o impacto positivo de escrever na integração do cérebro: SIEGAL, Daniel. O *poder da visão mental*; SIEGAL, Daniel e BRYSON, Tina Payne. O *cérebro da criança*.

24 O nosso primeiro instinto é procurar alguém com quem nos sentimos seguros, como descrito por Hillary L. McBride em seu livro *The Wisdom of Your Body: Finding Healing, Wholeness, and Connection Through Embodied Living* (Grand Rapids: Brazos Press, 2021), pp. 60-61.

Capítulo 6

25 "Você foi moldado pela necessidade": VAN DER KOLK, Bessel, *O corpo guarda as marcas: cérebro, mente e corpo na cura do trauma*. Rio de Janeiro: Sextante, 2020.

26 "As crianças têm o instinto biológico": VAN DER KOLK, Bessel, *O corpo guarda as marcas*.

27 "Narrativa de vida": SIEGAL, Daniel. O poder da visão mental: *O caminho para o bem-estar*. Rio de Janeiro: BestSeller, 2012.

28 "Tendem a reconhecer tanto os aspectos positivos quanto os negativos": SIEGAL, Daniel. *O poder da visão mental*.

29 "Ter experiências difíceis": SIEGAL, Daniel. *O poder da visão mental*.

30 As perguntas que faço nas sessões de terapia referenciadas neste capítulo são baseadas na "Adult Attachment Interview" de C. George, M. Main e N. Kaplan (1985). Adult attachment interview [Dataset]. *In PsycTESTS Dataset*. Disponível em: https://doi.org/10.1037/t02879-000. Acesso em 24 abr. 2025.

31 Estilos de apego e seus impactos em nosso desenvolvimento dentro da família: SIEGEL, Daniel e HARTZELL, Mary. *Parentalidade consciente: Como o autoconhecimento nos ajuda a criar nossos filhos*. São Paulo: nVersos, 2020; KAREN, Robert. *Becoming Attached: First Relationships and How They Shape Our Capacity to Love* (United Kingdom: Oxford University Press, 1998).

32 O conceito de que as crianças seriam egocêntricas é atribuído a Jean Piaget e aos seus estágios de desenvolvimento cognitivo.

Capítulo 7

33 A definição de anzol/gancho foi adaptada do Dicionário *Merriam-Webster* (2023). Disponível em: https://www.merriam-webster.com/dictionary/hook. Acesso em 24 abr. 2025.

34 A noção de que "não se importar com o que os outros pensam" não funciona é atribuída a Brené Brown em *A coragem de ser imperfeito*. Rio de Janeiro: Sextante, 2016.

Capítulo 8

35 A pesquisa que demonstra que o trauma é mais comum do que muitos pensam pode ser

encontrada no relatório de 2023 do CDC (Centro de Controle e Prevenção de Doenças dos Estados Unidos), que afirma: "Cerca de 64% dos adultos norte-americanos declararam ter vivenciado pelo menos um tipo de Experiência Adversa na Infância (EAI) antes de completarem 18 anos, e aproximadamente um em cada seis (17,3%) declarou ter vivenciado quatro ou mais tipos de EAIs. São traumas significativos, e 64% dos adultos vivenciaram pelo menos um." "Fast Facts: Preventing Adverse Childhood Experiences", 29 jun. 2023. Disponível em: https://www.cdc.gov/violenceprevention/aces/fastfact.html. Acesso em 24 abr. 2025.

36 Para saber mais sobre os sintomas do trauma, veja o livro de Peter Levine, *Healing Trauma* (Louisville, CO: Sounds True, 2008), pp. 12-20.

37 "Quando nosso corpo sente o desconforto" é do livro de Peter Levine, *Healing Trauma*, p. 14.

38 O conceito de estresse e trauma em um contínuo é atribuído a Hillary L. McBride em seu livro *The Wisdom of Your Body: Finding Healing, Wholeness, and Connection Through Embodied Living* (Grand Rapids: Brazos Press, 2021), pp. 58-59.

39 "Um evento estressor se torna um trauma": MCBRIDE, Hillary, *The Wisdom of Your Body*, p. 59.

40 Para saber mais sobre as categorias de trauma, veja o livro de Peter Levine, *Healing Trauma* (Louisville, CO: Sounds True, 2008), pp. 12-13.

Trauma com T maiúsculo é definido pela Associação Americana de Psiquiatria, *Diagnostic and Statistical Manual of Mental Disorders*, 5th ed. (Washington, DC: American Psychiatric Association, 2013), p. 271.

41 O conceito de grandes Traumas e pequenos traumas como ferimento a faca versus cortes de papel é apresentado por Aundi Kolber em seu livro *Try Softer: A Fresh Approach to Move Us out of Anxiety, Stress, and Survival Mode and into a Life of Connection and Joy* (Carol Stream, Illinois: Tyndale Momentum: 2020), pp. 37-38.

42 O conceito de trauma no cérebro como um cabide de arame é atribuído a Bruce D. Perry em seu livro com Oprah Winfrey, *O que aconteceu com você?: Uma visão sobre trauma, resiliência e cura*. Rio de Janeiro: Sextante, 2022.

43 "A terapia tem mais a ver com": PERRY, Bruce e WINFREY, OPRAH. *O que aconteceu com você?*.

Capítulo 9

44 "A ausência dela é como": LEWIS, C. S. *A anatomia de um luto*. Rio de Janeiro: Thomas Nelson, 2020.

45 “Aprender a chorar”: NOUWEN, Henri. *Reaching Out: The Three Movements of the Spiritual Life* (New York: Image Books, 1986), p. 36.

46 A pesquisa que revelou que as pessoas estão solitárias é do dr. Vivek Murthy, então Ministro da Saúde dos Estados Unidos: “New Surgeon General Advisory Raises Alarm about the Devastating Impact of the Epidemic of Loneliness and Isolation in the United States”, 3 maio 2023. Disponível em: https://www.hhs.gov/about/news/2023/05/03/new-surgeon-general-advisory-raises-alarm-about-devastating-impact-epidemic-loneliness-isolation-united-states.html. Acesso em 24 abr. 2025.

47 O conceito de raiva como emoção secundária é ensinado com frequência. Eu o aprendi durante um treinamento com o terapeuta e professor de terapia de casais focada nas emoções Michael Barnett, no LifeGate Counseling Center.

48 Evidências para a afirmação de que nossos cérebros registram a dor emocional da mesma forma que registram a dor física podem ser encontradas no livro de Matthew D. Lieberman, Social: *Why Our Brains Are Wired to Connect* (New York: Crown, 2013). Um vídeo explicativo sobre isso, feito por Matthew D. Lieberman, pode ser assistido no YouTube: “On the surprising neuroscience of emotional pain” (Oxford University Press, November 5, 2013). Disponível em: https://www.youtube.com/watch?v=LBw0iqo5U2k. Acesso em 24 abr. 2025.

Capítulo 10

49 Transtorno de ansiedade versus ansiedade do dia a dia é descrito no livro de Edmund J. Bourne, *Vencendo a ansiedade e a fobia: Guia prático*. Porto Alegre: Artmed, 2024.

50 Pesquisas que corroboram o conceito de que traumas não resolvidos podem criar ansiedade podem ser encontradas nos seguintes trabalhos: PERRY, Bruce e WINFREY, Oprah. *O que aconteceu com você?: Uma visão sobre trauma, resiliência e cura*. Rio de Janeiro: Sextante, 2022; VAN DER KOLK, Bessel, *O corpo guarda as marcas: Cérebro, mente e corpo na cura do trauma*. Rio de Janeiro: Sextante, 2020.

51 A ansiedade é descrita como um mecanismo de enfrentamento por Terry D. Hargrave e Franz Pfitzer, *Restoration Therapy: Understanding and Guiding Healing in Marriage and Family Therapy* (New York, Routledge, 2011), pp. 33-62.

52 “Alegria como mau presságio” é proposto no trabalho de Brené Brown: BROWN, Brené, *A coragem de ser imperfeito*. Rio de Janeiro: Sextante, 2016. TED Talk de Brené Brown “The Price of Invulnerability: Brené Brown at TEDxKC” (YouTube.com. 12 out. 2010). Disponível em: https://www.youtube.com/watch?v=_UoMXF73j0c. Acesso em 24 abr. 2025.

53 O conceito de que pessoas ansiosas tendem a subestimar a si mesmas e a superestimar aquilo que estão enfrentando pode ser encontrado neste artigo de Judith S. Beck e Robert Hindman, "Coping with Anxiety", Beck Institute, ago. 2021. Disponível em: https://beckinstitute.org/wp-content/uploads/2021/08/Coping-with-Anxiety.pdf. Acesso em 24 abr. 2025.

54 Para saber mais sobre os efeitos da ansiedade no corpo, veja os seguintes trabalhos: VAN DER KOLK, Bessel, *O corpo guarda as marcas: cérebro, mente e corpo na cura do trauma*. Rio de Janeiro: Sextante, 2020; PORGES, Stephen. *The Pocket Guide to the Polyvagal Theory: The Transformative Power of Feeling Safe* (United Kingdom: W. W. Norton, 2017); MCBRIDE, Hillary. *The Wisdom of Your Body: Finding Healing, Wholeness, and Connection Through Embodied Living* (Grand Rapids: Brazos Press, 2021).

55 O conceito de ansiedade como um "alarme" no corpo é atribuído a diferentes fontes. Muitos citam o dr. David Barlow como a primeira pessoa a usar o termo "alarme" para a ansiedade no corpo. A autora ouviu essa terminologia sendo usada pelo dr. Russel Kennedy (autor de *Anxiety Rx: A New Prescription for Anxiety Relief from the Doctor Who Created It*) em um episódio de seu podcast.

Capítulo 11

56 A definição de limites e a metáfora do jardim foi adaptada do livro de Henry Cloud e dr. John Townsend, *Limites: Quando dizer sim, quando dizer não*. São Paulo: Editora Vida, 2023.

57 Ressentimento conforme definido por Brené Brown em seu livro *Atlas of the Heart: Mapping Meaningful Connection and the Language of Human Experience* (United States: Random House Publishing Group, 2021), p. 33.

58 O termo "segurança emocional" foi atribuído a Don. R Catherall, que criou uma abordagem para a terapia de casal baseada na segurança emocional. CATHERALL, Don. *Emotional Safety: Viewing Couples Through the Lens of Affect* (New York: Routledge, 2007).

59 Mais informações sobre a teoria polivagal, referenciada neste capítulo, podem ser encontradas aqui: PORGES, Stephen W. The Polyvagal *Theory: Neurophysiological Foundations of Emotions, Attachment, Communication, Self-Regulation* (United Kingdom: W. W. Norton, 2011); PORGES, Stephen W. *The Pocket Guide to the Polyvagal Theory: The Transformative Power of Feeling Safe* (United Kingdom: W. W. Norton, 2017).

60 WALKER, Pete. *Complexo estresse pós-traumático — DEPT complexo — Indo de sobreviver a prosperar*. São Paulo: Universidade Quantum, 2020.

61 "Tipo bajulador": WALKER, Pete. "The 4Fs: A Trauma Typology in Complex PTSD". 28 abr. 2024. Disponível em: https://pete-walker.com/fourFs_TraumaTypologyComplexPTSD.htm. Acesso em 24 abr. 2025.

62 A definição de apego seguro e a liberdade de compartilhar emoções nesses relacionamentos são descritos por Robert Karen em seu livro *Becoming Attached: First Relationships and How They Shape Our Capacity to Love* (United Kingdom: Oxford University Press, 1998), p. 6, pp. 241- 242.

Capítulo 12

63 Informações sobre os tiroteios mencionados neste capítulo podem ser encontradas nos seguintes links: https://www.cnn.com/2023/08/29/us/unc-chapel-hill-campus-shooting-tuesday/index.html; https://www.pbs.org/newshour/nation/jacksonville-shooter-who-killed-3-used-to-work-at-a-dollar-store. Acesso em 24 abr. 2025.

64 Minha visão terapêutica sobre amar a si mesmo é baseada no trabalho sobre autocompaixão da dra. Kristin Neff em seu livro *Autocompaixão: Pare de se torturar e deixe a insegurança para trás*. Teresópolis: Lúcida Letra, 2017.

65 ROHR, Richard. *A Spring Within Us: A Book of Daily Meditations* (CAC Publishing: 2016), p. 199, pp. 120-121.

66 A noção de que a compaixão por si mesmo aumenta a compaixão pelos outros pode ser corroborada pelos seguintes trabalhos: WELP Laura R. e BROWN, Christina M. "Self-compassion, Empathy, and Helping Intentions," *The Journal of Positive Psychology 9* (2013): pp. 54-65; SVOBODA, Elizabeth. "Self- Compassion Could Help You Be More Tolerant of Others," (greatergood.berkley.edu, January 9, 2023). Disponível em: https://greatergood.berkeley.edu/article/item/self_compassion_could_help_you_be_more_tolerant_of_others. Acesso em 24 abr. 2025.

Capítulo 13

67 A pesquisa sobre o impacto de como o transtorno de estresse pós-traumático (TEPT) e as respostas ao estresse são definidos, bem como o conceito de sintomas como "aliados", podem ser encontrados em ARMSTRONG, Courtney. *Rethinking Trauma Treatment: Attachment, Memory Reconsolidation, and Resilience* (New York: W.W. Norton & Company, 2019), pp. 75- 76.

68 "Globalizar" significa tornar mundial em escopo ou aplicação, como descrito no dicionário *Merriam Webster*: https://www.merriam- webster.com/dictionary/globalize. Acesso em 24 abr. 2025.

69 Leia mais sobre como nossos cérebros se lembram de coisas estressantes neste artigo de Anne Bierbrauer, Marie-Christin Fellner, Rebekka Heinen, Oliver T. Wolf, e Nikolai Axmacher, "The Memory Trace of a Stressful Episode," *Current Biology*. Publicado em out. 2021. Disponível em: https://www.x-mol.net/paper/article/1448739391137546240. Acesso em 24 abr. 2025.

70 A conceitualização terapêutica sobre mecanismos de enfrentamento como resposta a mensagens sobre segurança e identidade foi adaptada de Terry D. Hargrave e Franz Pfitzer, *Restoration Therapy: Understanding and Guiding Healing in Marriage and Family Therapy* (New York: Routledge, 2011), 3- 31.

71 Os estilos de enfrentamento foram adaptados, com a autorização dos autores, do livro de Terry Hargrave e Sharon Hargrave, *5 Days to a New Self* (United States: Cenveo-Trafton, 2016).

72 Você pode assistir a essa cena de *Moana* no YouTube, buscando por Moana, "Know who you are" (3.39). Também disponível em: https://www.youtube.com/watch?v=BZ9OR_S1OXw. Acesso em 24 abr. 2025.

Capítulo 14

73 "Crenças centrais" são um conceito atribuído a Aaron T. Beck, o fundador da Terapia Cognitivo-Comportamental. Para saber mais sobre como as crenças básicas determinam os sentimentos sobre quem você é: Zawn Villines, "Core Beliefs: What They Are and How to Identify Them", *Medical News Today*, 23 fev. Disponível em: https://www.medicalnewstoday.com/articles/core-beliefs. Acesso em 24 abr. 2025; F. Osmo, et al. "The Negative Core Beliefs Inventory: Development and Psychometric Properties", *Journal of Cognitive Psychotherapy* 32, no. 1, abr. 2018. Disponível em: https://connect.springerpub.com/content/sgrjcp/32/1/67. Acesso em 24 abr. 2025.

74 Crenças centrais também são chamadas de "suposições silenciosas", como descrito por David D. Burns em seu livro *Antidepressão: A revolucionária terapia do bem-estar*. São Paulo: CienBooks, 2017.

75 Nossos sentimentos sobre identidade e segurança foram adaptados da terapia da restauração e compartilhados aqui com a permissão dos autores. HARGRAVE, Terry e HARGRAVE, Sharon. *5 Days to a New Self* (United States: Cenveo-Trafton, 2016); HARGRAVE, Terry e PFITZER, Franz, *Restoration Therapy: Understanding and Guiding Healing in Marriage and Family Therapy* (New York: Routledge, 2011).

76 A área límbica do cérebro está sempre perguntando: "Será que isso é bom ou ruim?" "Será que estou seguro?": SIEGEL, Daniel. "Dr. Dan Siegel's Hand Model of the Brain", de 9 ago. 2017.

Disponível em https://drdansiegel.com/hand-model-of-the-brain/. Acesso em 24 abr. 2025; SIEGAL, Daniel. *O poder da visão mental: O caminho para o bem-estar*. Rio de Janeiro: BestSeller, 2012.; SIEGAL, Daniel e BRYSON, Tina Payne. *O cérebro da criança: 12 estratégias revolucionárias para nutrir a mente em desenvolvimento do seu filho e ajudar sua família a prosperar*. São Paulo: nVersos, 2015.

Capítulo 15

77 Quando me refiro ao peso da dor emocional no seu corpo, estou me baseando na pesquisa de Bessel van der Kolk. *O corpo guarda as marcas: cérebro, mente e corpo na cura do trauma*. Rio de Janeiro: Sextante, 2020.

78 A minha lente terapêutica sobre nossas "versões mais jovens" é influenciada pelos seguintes trabalhos: LEVINE, Peter e FREDERICK, Ann. *O despertar do tigre: curando o trauma*. São Paulo: Summus Editorial, 2022; SCHWARTZ, Richard. *Não há partes ruins: curando traumas e restaurando a plenitude com o modelo de sistemas familiares internos*. Rio de Janeiro: AltaLife, 2023; KAREN, Robert. *Becoming Attached: First Relationships and How They Shape Our Capacity to Love* (United Kingdom: Oxford University Press, 1998).

79 Resiliência conforme definida nestes links: "Resilience", *Center on the Developing Child*, Harvard University. Disponível em: https://developingchild.harvard.edu/science/key-concepts/resilience/. Acesso em 24 abr. 2025; "Resilience", *APA Dictionary of Psychology*. Disponível em: https://www.apa.org/topics/resilience. Acesso em 24 abr. 2025.

80 O meu entendimento de eu verdadeiro é baseado nos seguintes trabalhos: SCHWARTZ, Richard. *Não há partes ruins: curando traumas e restaurando a plenitude com o modelo de sistemas familiares internos*. Rio de Janeiro: Alta Life, 2023; ROHR, Richard. *True Self/False Self* (Franciscan Media, 2019).

81 A intervenção terapêutica de "Quem é você no seu melhor dia" é atribuída ao dr. Terry Hargrave, durante um treinamento de Terapia Restauradora.

82 Verdades norteadores adaptadas com a permissão dos autores HARGRAVE, Terry e HARGRAVE, Sharon. *5 Days to a New Self* (United States: Cenveo-Trafton, 2016).

83 Pesquisas que corroboram a neuroplasticidade e sobre como nossos cérebros mudam podem ser encontradas nos seguintes trabalhos: PUDERBAUGH, Matt e EMMADY, Prabhu D. "Neuroplasticity," *StatPearls*, StatPearls Publishing, May 1, 2023; SIEGAL, Daniel. *O poder da visão mental: O caminho para o bem-estar*. Rio de Janeiro: BestSeller, 2012; SIEGAL, Daniel. *A mente em desenvolvimento: como os relacionamentos e o cérebro interagem para moldar quem somos*. São Paulo: nVersos, 2024.

84 "Rainbow," de Kasey Musgraves, Shane McAnally, Natalie Hemby (Golden Hour, 2019).

Capítulo 16

85 Minha visão terapêutica para apropriar-se da sua própria história é baseada no livro de Brené Brown. *A arte da imperfeição: Abandone a pessoa que você acha que deve ser e seja você mesmo*. Rio de Janeiro: Sextante, 2020. E também no seu livro *A coragem de ser imperfeito*. Rio de Janeiro: Sextante, 2016.

86 Referências para o conceito de que empatia gera empatia e compaixão gera compaixão podem ser encontradas nos trabalhos de: BEKOFF, Mark. "Compassion Begets Compassion: Science Shows This to Be True and We Knew It All the Time," *Psychology Today*, 19 jul. 2012; DESTENO, David. "Compassion Made Easy," *New York Times*, 14 jul. 2012. Disponível em: https://www.nytimes.com/2012/07/15/opinion/sunday/the-science-of-compassion.html?_r=1. Acesso em 24 abr. 2025; WELP, Laura R. e BROWN, Christina M. "Self-compassion, Empathy, and Helping Intentions," *The Journal of Positive Psychology 9* (2013): 54-65; SVOBODA, Elizabeth. "Self-Compassion Could Help You Be More Tolerant of Others," (greatergood.berkley.edu, January 9, 2023). Disponível em: https://greatergood.berkeley.edu/article/item/self_compassion_could_help_you_be_more_tolerant_of_others. Acesso em 24 abr. 2025.

87 Minha definição para autocompaixão é baseada no trabalho da dra. Kristin Neff sobre autocompaixão em seu livro *Autocompaixão: Pare de se torturar e deixe a insegurança para trás*. Teresópolis: Lúcida Letra, 2017.

88 Na condição de terapeuta, fui treinada para entender que o seu cérebro para na parte mais difícil a fim de perguntar "O que aconteceu depois?" durante o treinamento "Creating Post-Traumatic Growth: Strategies for Resilience," 1 nov. 2019, realizado por Courtney Armstrong, LPC/MHSP, em Atlanta, Georgia. Armstrong também aborda esse assunto em seu livro *Rethinking Trauma Treatment: Attachment, Memory Reconsolidation, and Resilience* (New York: W. W. Norton, 2019).

SUA OPINIÃO É MUITO IMPORTANTE

Mande um e-mail para **opiniao@vreditoras.com.br** com o título deste livro no campo "Assunto".

1ª edição, ago. 2025

FONTES Orpheus Pro 28pt/24pt;
FreightSans Pro Regular 8pt/10pt;
FreightSans Pro Bold 8pt/10pt/12pt/15pt;
FreightText Pro Book 8pt/10pt;
FreightText Pro Book Italic 8pt/10pt;
PAPEL Polen Bold 70g/m²
IMPRESSÃO Gráfica Santa Marta
LOTE GSM120625